シリーズ・ケースで読み解く経営学 2

SERIES
Learning Business Administration
from Cases

実践的グローバル・マーケティング

大石芳裕［著］

ミネルヴァ書房

はじめに

学生に、企業について自由にレポートを書かせると、圧倒的多数は日本企業の日本国内での事業について書いてくる。大手コンビニがどのようなPB（プライベート・ブランド＝小売業のブランド）を開発しているのか、大手アパレルがSNS（ソーシャル・ネットワーク・サービス）を使ってどのような関係を消費者との間に築いているのか、大手携帯電話会社がどのようなテレビ広告を打ってどのようにブランド力を上げているのかといった、とにかく身近な事例について書いてくる。関心が身近な問題に向いているのだ。

学生ばかりではない。社会人の多くが日常業務に忙殺されている。製品企画を担当している人の多くは日本国内向けの製品開発で忙しいし、営業を担当している人の多くはまず目の前の顧客と良い関係を築くのに奮闘しているし、広告を担当している人はどうすれば自社製品への愛顧度を高められるか日々悩んでいる。彼らの関心が身近な問題に向いているのも、やむを得ない。

身近な問題から問題意識を持つこと自体は、悪いことではない。しかしながら、少し広い視野で観察すると、違った世界が見えてくる。日本で著しく進化・発展したコンビニの原型は米国からもたらされたものだし、日本の大手コンビニはいまや多くの国に進出している。さらには、アジア諸国の多くの企業が日本型のコンビニを参考にして、この業態に参入している。中国では美宣佳や紅旗連鎖、快客などの現地コンビニが出店競争を繰り広げているし、インドネシアではアルファマートとインドマレットという2大現地コンビニがそれぞれ1万店以上の店舗を全国に展開している。

大手アパレルにおいても、その製品の多くは中国やバングラデシュ、ベトナムなどで生産されて、日本国内に輸入されている。それだけでなく、彼ら自身も盛んに海外に店舗を作り、顧客基盤を拡大している。中には、海外店舗数が国内店舗数を上回る企業も出てきている。海外の大手アパレルもまた、日本市場に参入し、東京の銀座をはじめ多くの地域に店舗を展開している。日本の大手アパレルと海外の大手アパレルが、現地のアパレルも含め、軒を連ねて消費者を魅惑している姿は、いまや世界中で見られる風景である。

一方で、大手携帯電話会社は、日本国内では寡占状態にあるが、海外ではとんと弱い。近年、なんとか海外市場を開拓しようと、通信枠の購入や現地企業への資本参加、あるいはM&A（合併・買収）を試みているところである。携帯端末製造企業は、いまや「ガラパゴス（日本市場で独自の進化を遂げて、日本市場でのみ通用する）」と皮肉られて、アップルのiPhoneなどの後塵を拝している。iPhoneは世界で高いブランド力を持ってはいるものの、携帯売上の世界トップは韓国のサムスン電子である。さらに、アップルやサムスン電子を中国企業などが猛烈な勢いで追いかけている。

実務の世界でも、製品企画や営業、広告などの多くの分野で世界との繋がりを意識することが多くなっている。ある大手即席麺企業は、これまで現地市場に適合した製品企画を重視してきたが、2016年にはグローバルに展開するために、味やパッケージを統一したカップ麺を開発し、広告なども統一的に行うことを決めた。営業も、いまや大手企業で国内完結している企業はほとんどない。広告の世界は、早くからグローバル化が進展し、いまではWPP（英国）、オムニコム（米国）、ピュブリシス（フランス）、インターパブリック（米国）の四大広告代理店グループが、多くの国の多くの広告代理店を傘下に置き、グローバルな展開をしている。最近では、彼ら自身や日本の大手広告代理店なども取り組んでいるところであるが、デジタル広告が急速に成長し、デジタル専業の広告代理店が、その特性を生かしてグローバルに成長している。

好きか嫌いか、良いか悪いかに関係なく、ビジネスのグローバル化は否応なく進んでいる。これまで国内営業だけを担当していた人が、いきなり来月から海外駐在を命ぜられるという話はよく聞くところである。

2016年は、イギリスの国民投票でEU離脱賛成派が多数を占めたり、超米国第一主義を唱えるドナルド・トランプが大統領選に勝ったりと、グローバル化に反する保護主義が目立った年であった。今後もこのような保護主義が弱まるとは思わないけれども、現実の世界はグローバルなネットワーク、グローバルな連携、グローバルな相互依存なしには成り立たない世界であることも事実である。海外で、世界で、ビジネスを行うのに不可欠なグローバル・マーケティングは、今後も重要性を増していくことであろう。

学生・社会人ともに、これから大いにグローバル・マーケティングを学んでいってもらいたいが、小難しい理屈を縷々《るる》並べるよりも、事例を取り上げ、そこからの教訓を得るようにした方が入りやすいと思われる。本書は純粋な教科書のようには整理整頓されてはいないが、事例ならびにその解説を通じて、グローバル・マーケティングについて最低限必要なことは網羅している。興味関心を持った読者は、巻末にある図書案内や参考文献を導きの糸として、さらに深く学んでいただきたい。

目次

第2章 マーケティング・リサーチ　市場への理解を深める

第5章　販売ルートの確保、流通チャネルの開拓

第7章　実際にビジネスを動かす「人」を育てる

日本企業よ、グローバル・マーケティングを強化せよ

序章

1 マーケティングとは何か

本書では「グローバル・マーケティング」について解説していくが、そもそも「マーケティング」とは何なのだろう。定義は無数にあるが、筆者自身はこう定義している。

マーケティングとは、「誰に、何を、どのように販売するかにかかわる活動」である。

マーケティングというと、ともすればどんなカラーにしたら売れるのかとか、どんな広告を打てばいいのかといった部分に矮小化してしまいがちだが、それはほんの一部に過ぎない。マーケティングは、顧客のことを本当にしっかりと見てターゲットを「誰に」定め、その顧客が「何を」望んでいるかというところで、それに対して自分たちの技術にどういうものがあるか、製品やサービスにどういう強みがあるかを考えて、シーズとニーズをマッチングさせるものだ。これは、まさに経営そのものである。

同様に、「グローバル・マーケティング」についての筆者なりの定義は、こうだ。

グローバル・マーケティングとは、「国際マーケティングの現代的な姿であり、企業がグローバルな（地球的）視野で国内市場も世界市場の一部と見なし、国境を越えて同時に意思決定しなければならないマーケティング」である。

以下では、この定義をもとに話を進めていきたい。

モノづくり重視でマーケティングがおろそかになった日本

残念ながら、日本企業のグローバル・マーケティングは、欧米企業と比べるとかなり遅れていると言わざるを得ない。感覚として、10年は遅れているというのが、筆者の私見である。遅れた理由として、一つには、戦後、日本企業がモノづくり重視で成功を収めたという歴史的な経緯が影響している。欧米の先進企業に追いつくために、品質向上とコストダウンを同時に追求して「安くて良いもの」を実現していくことで、１９８０年代までは非常にうまくいった。だが、そのためにマーケティングは二の次、三の次になってしまったのである。

また、マーケティングというものの特殊性も関係していると思われる。品質・機能というような絶対的な評価ができるものと違って、マーケティングは、もともと感性を重んじる世界で、かなり情緒的なものだ。例えば、マーケッターは「こういうロゴにすれば受ける」「こんな広告を出せば売れる」というふうに予測をするが、それを裏づけるような客観的な根拠や、数値化したデータがあるわけではない。定量分析はできるが、その結果は絶対的なものではないのだ。

センスの良し悪しとか好き嫌いはあっても、それを客観的に評価するようなシステムはない。特に日本企業の場合、そういう感性の部分を評価するのは苦手なため、余計にマーケティングを後回しにしてしまったという面もあるだろう。

2 マーケティングはコストではなく投資である

こうしたグローバル・マーケティングの遅れが、日本の国際競争力低下の一因になっているのは間違いない。ところが、それがわかっているにもかかわらず、日本企業はまだ本気になっていない。日本企業の経営者は、表面的にはマーケティングは重要と言うけれども、本音は違う。本気になって実践している会社は数少ないのが実情だ。

日本企業の多くは、マーケティングを単なる「コスト」と捉えている。設備投資や研究開発は「投資」として考えるのだが、マーケティングとなると、「広告費」「マーケティング費」といった具合に、あくまで「費用」なのだ。だから不況になると、真っ先にこれを削る。

しかし、声を大にして言いたいのは、マーケティング活動も投資であるということだ。

もちろん、その投資が負担になって失敗することもあるだろう。マーケティング・広告に力を入れても、売れるかどうかはわからない。だが、競争に勝つためには、将来を見越して、マーケティング活動への投資は不可欠というふうに発想を改めることが、今の日本企業にとって急務なのである。

ここに来てようやく日本企業も、少しずつ重い腰を上げようとしてはいる。

例えば、トヨタは2010年にマーケティング部門をトヨタモーターセールス＆マーケティング（TMSM）という別会社にした。大手広告代理店から人材を集めてマーケティングの強化を図ると同時に、トヨタ自動車（TMC）の中にいるとどうしても開発・製造部門の発言力が強くなるので、ここにマーケティングやブランディングの機能を集約したのだ。それまでは、同じトヨタのモーターショーでも、国・地域によって独自のやり方で開催されており、ブースの統一感などもなかった。今ではモーターショーなどは世界中で統一感を持たせているし、トヨタとはどういうものだとか、レクサスとはどういうものだというふうに突き詰めて、それぞれブランドの再構築にも力を入れて取り組んでいる。2013年にはレクサス部門を「レクサス・インターナショナル」に集約し、豊田章男社長の直轄事業にしている。

また、これまでドメスティックな業界の典型でもあった食品業界にも変化の兆しは見える。日清食品は、カップヌードルのシーフードを、完全に標準化した味とパッケージで、全世界で販売していこうとしている。食文化というのは非常に文化拘束的なので、日清食品でもこれまでは、国・地域によって味やパッケージを変えて出していた。しかし、それでは日清のブランドが確立しない。コカ・コーラのように、いろんな商品を出しながらも、「コーク」のようなフラッグシップをつくろうとする戦略である。また、江崎グリコも、ポッキーをキーにして、グローバル・マーケティングをしようとしている。

しかし、このような動きはあるものの、残念ながら大半の企業は、マーケティング軽視の発想から抜け出せていないのが実情であろう。また、マーケティングの重要性を認識していても、日本の場合、国内のマーケットがある程度大きいため、なかなか海外にまで目がいかない、資源投入が十分ではないというところも少なくないのである。

3 ヒット要因を分析し、「MPDP理論」を構築

しかし、中小企業ながらしっかりとグローバル・マーケティングをして、海外でも成功している会社も存在する。その象徴が、「エンジニア」という会社である。

エンジニアは大阪に本社がある従業員50人の小さな工具メーカーだ。１９４８年に創業し、現在は、造船会社の技術者を経て父親の跡を継いだ2代目経営者の高崎充弘が社長を務めて

いる。同社が開発した、頭がつぶれたネジも簡単に回して外すことができるという画期的なペンチ「ネジザウルス」は、国内で大ヒットを記録して（2016年末時点でシリーズ累計300万本を販売）、その後アメリカでも「バンプライヤーズ」の名称で売り出して、やはり成功した。また、ネジザウルスが売れた要因を分析した高崎は、独自の「MPDP理論」を構築した［図序-1］。MPDPとは、マーケティング（Marketing）、特許（Patent）、デザイン（Design）、プロモーション（Promotion）の頭文字を取ったもので、商品が売れるためには、この4つの要素がすべて揃っていることが必要という理論である。

もともとネジザウルスは2002年に誕生し、その後大きいネジ用、小さいネジ用を加えて3種類を販売していたが、いずれもプロ用だっ

図序-1 ★ MPDP 理論

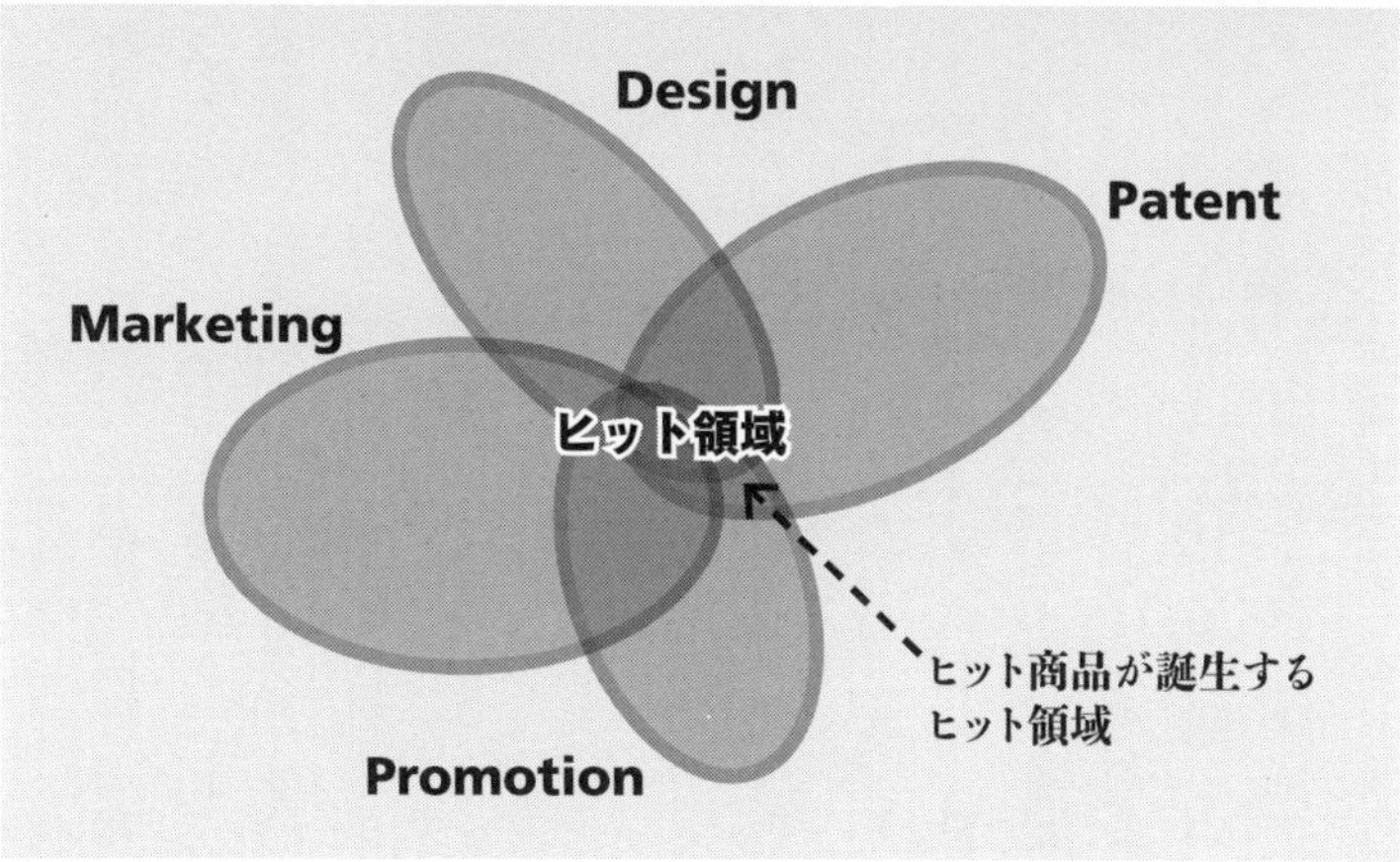

資料：高崎充弘（エンジニア）、第68回グローバル・マーケティング研究会報告資料。

た。２００９年、販路を広げようと、「一家に1本ネジザウルス」を合言葉に、4代目となる家庭用を販売したところ、それまでの3種類合計の販売数の2倍近く売れた。同社では高崎の代になってから約８００アイテムの新製品を出していたが、これほど売れたのは初めてだった。そこで、売れた理由がわかればその後の商品開発にも役立つはずだと考えた高崎が、ヒット要因をじっくりと分析した結果、これまでの８００アイテムと違って、4代目ネジザウルスはＭ・Ｐ・Ｄ・Ｐの４つの要素すべてが揃っていた。こうして編み出されたのが、ＭＰＤＰ理論である。

ＭＰＤＰ理論に基づいたネジザウルス

4代目のネジザウルスを例に具体的に説明すると、まずマーケティング（Ｍ）については、これまでのネジザウルス製品の中に入れていたアンケートはがきから、どんな改善要望があるかをリストアップした。すると、上位に来たのは「グリップを握りやすく改良してほしい」「バネを付けてほしい」「カッターを追加してほしい」といった要望だったが、5番目に「トラスネジも外せるようにしてほしい」という要望があった。トラスネジとは頭の部分が丸くて薄い、ツッパリの少ないネジで、3代目までのネジザウルスでは、外すのが難しいものだ。全部で１０００枚ほどあったはがきのうちのわずか7枚にだけ書かれていた意見なので、対応するかどうか微妙だったが、社内でアイデアを出し合い、改良に成功した。すると、頭の薄いトラスネジまでこれで外せるというところが評判を呼び、ビッグヒットにつながったのである。

そして特許（P）を取り、デザイン（D）はこのときは社内の担当者に任せて、グッドデザイン賞とiFデザイン賞を受賞している。さらに、プロモーション（P）については、「ウルスくん」というキャラクターを作ったのをはじめ、さまざまな取り組みをしたことが話題を呼び、テレビ番組でも多数取り上げられた。

4 グローバル・マーケティングを強化すれば日本企業は必ず復興する

高崎のセンスが良いところは、アンケートでも少ししか要望がなかった「トラスネジも外せる」という部分に着目したところだ。「グリップを握りやすく」といったことは誰でも思いつく。しかし、「頭の薄いトラスネジを外す」というのは、皆できないと思ってあきらめているからこそ、ここをクリアすれば商品になるという発想が素晴らしい。

しかも、モノづくり偏重ではない。高崎は東京大学工学部出身で、もともと社名の通りエンジニアである。冒頭でも触れたように日本の中小企業の経営者は、職人とかエンジニアなど、いわゆる技術者が多いが、私は、それは決して悪いことだとは思わない。けれども、いつまでたっても技術者・エンジニアの枠にとどまっていて、マーケティングをおろそかにしていてはいけない。

前述したようにマーケティングは感性を重視する世界だから、理詰めで検証できるものを数字で出していく、という技術者の志向に合わない点があるのは理解できる。その意味では、このエンジニアという会社が、工場を持たないファブレスカンパニーだったことも成功の一因かもしれない。エンジニアでは、企画や試作は自分たちでしているが、生産は新潟県燕市の地場産業などに任せている。高崎はもちろん技術をよくわかっているのだが、自分たちの生きていく道は、企画やマーケティングだと考えたからこそ、ＭＰＤＰ理論も生まれてきたのだろう。

誤解のないように付け加えておくと、筆者はモノづくりから離れることがよいことだとは思っていない。モノづくりは依然として極めて大切である。しかしながら、よい製品というだけではダメで、同時にマーケティングやブランドとの複合がなければ、厳しい国際競争を勝ち抜いて生き残っていくことはできない。そこを高崎率いるエンジニアは、しっかりと押さえているところが、成功につながっているのだと考えている。

このエンジニアのような事例がどんどん増えて、また、大企業ももっと本気になって取り組んでいけば、遅れは取り戻せる。むしろ今は、日本企業にとってチャンスだというのが筆者の考えだ。日本にはモノづくりの強さはあるので、それに加えてグローバル・マーケティングを強化すれば、必ず復興できると確信しているからである。

では、具体的にどのようにグローバル・マーケティングを実践していけばよいのか。そのポイントを、事例を紹介しながら章ごとに段階を追って解説していきたい。

第1章 Chapter

私たちを必要とする顧客は海外にいるだろうか

キーワード

外資の参入規制の緩和
キャッシュ・フロー
累損
BOP
CSR

海外に進出するためには「自社の事業」が必要とされているのか、ということの確認が重要となってくる。本章では乳酸菌飲料「ヤクルト」の販売を海外でも地道に進めているヤクルト本社と、世界80カ国に日本車の中古車部品を輸出している会宝産業の事例を取り上げる。両社とも会社の「理念」を海外においても、真っすぐに貫こうとしている。

―――はじめに―――

海外で事業活動を始めようとするときには、当然、どの地域に進出するのかを決めなければいけないし、そのためには次章で紹介するような「グローバル・マーケティング・リサーチ」も必要になる。その前に、まず押さえておかなければならないのは、「なぜ」「何のために」「その国・地域でビジネスをするのか」「自社の提供する製品・サービス・技術を本当に必要としている顧客、喜んでくれる顧客は、そこにいるのか」を問い直すことである。

自分たちの事業がそもそも求められていない、あるいは将来的にも必要とされる理由がないのに、やみくもに海外進出をしても失敗するだけである。そこでビジネスを展開する意味は何か。自分たちは本当に海外で求められているのか。これらの点を考えるときにポイントになるのが、確固たる「理念」や存在価値があるかどうかである。

本章では２社の事例をもとに、「理念」の大切さを、あらためて見つめ直してみたい。

ケース 1

ヤクルト本社の事例

シンプルなコンセプトで予防医学・健康ニーズに応える

ヤクルト本社は 1964 年に海外展開をスタートした。
台湾を皮切りに、その後、1980 年代初頭までに
メキシコなど中南米や東南アジアに進出した。
世界各国においても、
多くの国で日本と同様にヤクルトレディを使った販売スタイルを貫いている。
ヤクルトにある「理念」とは。

1 「予防医学」と「健腸長寿」のコンセプトで誕生したヤクルト

乳酸菌飲料「ヤクルト」などの飲料メーカーとして知られるヤクルト本社。ヤクルトグループは1935年に福岡市で創業したが、そのきっかけは、1930年に創始者である代田稔博士★1が、乳酸菌の強化・培養に成功したことであった。1930年代当時の日本は、衛生状態も悪く、子供が感染症で命を落とすということも珍しくなかった。そんな中で代田博士は、病気にかかってから治療するのではなく、病気にかからないようにする「予防医学」と、腸を丈夫にすることが健康で長生きすることにつながるという「健腸長寿」の思想をもっていた。このコンセプトから生まれたのが、「ヤクルト」である［図1-1（→p.17）］。

人間の腸の中には、およそ千種類、数にして百兆個以上といわれる腸内細菌がいて、一種の生態系「腸内フローラ」をつくっている。そこでは、善玉菌（有用菌）、悪玉菌（腐敗菌）などが一定の割合で存在しており、善玉菌が悪玉菌を抑える形でそのバランスを保ち、健康を維持している。善玉菌である乳酸菌が悪玉菌の働きを抑えることを発見した代田博士は、さらにそれを強化・培養することに成功した。この乳酸菌をラクトバチルス・カゼイ・シロタ株と名付け、生きたまま腸に届けるという乳酸菌飲料・ヤクルトの開発につなげた。

その後、1955年に全国に拡大した販売会社を統括する機関として、ヤクルト本社が設立された。そして1963年にはヤクルトレディによる独自の販売方式をスタートさせた。当時の日本では、乳酸菌についてはほとんど知られていなかった。そこでヤクルトレディが家庭や職場を訪問して直接消費者と対面して、乳酸菌がどういうものなのかというところからしっかりと説明することで、商品の魅力を伝えようとしたのである。

★1―1899〜1982年。医学博士。乳酸菌が腸の中の悪い菌を抑えることを発見し、この菌をさらに強化・培養することに世界で初めて成功した。

図 1-1 ★ヤクルト本社の創業理念と代田イズム

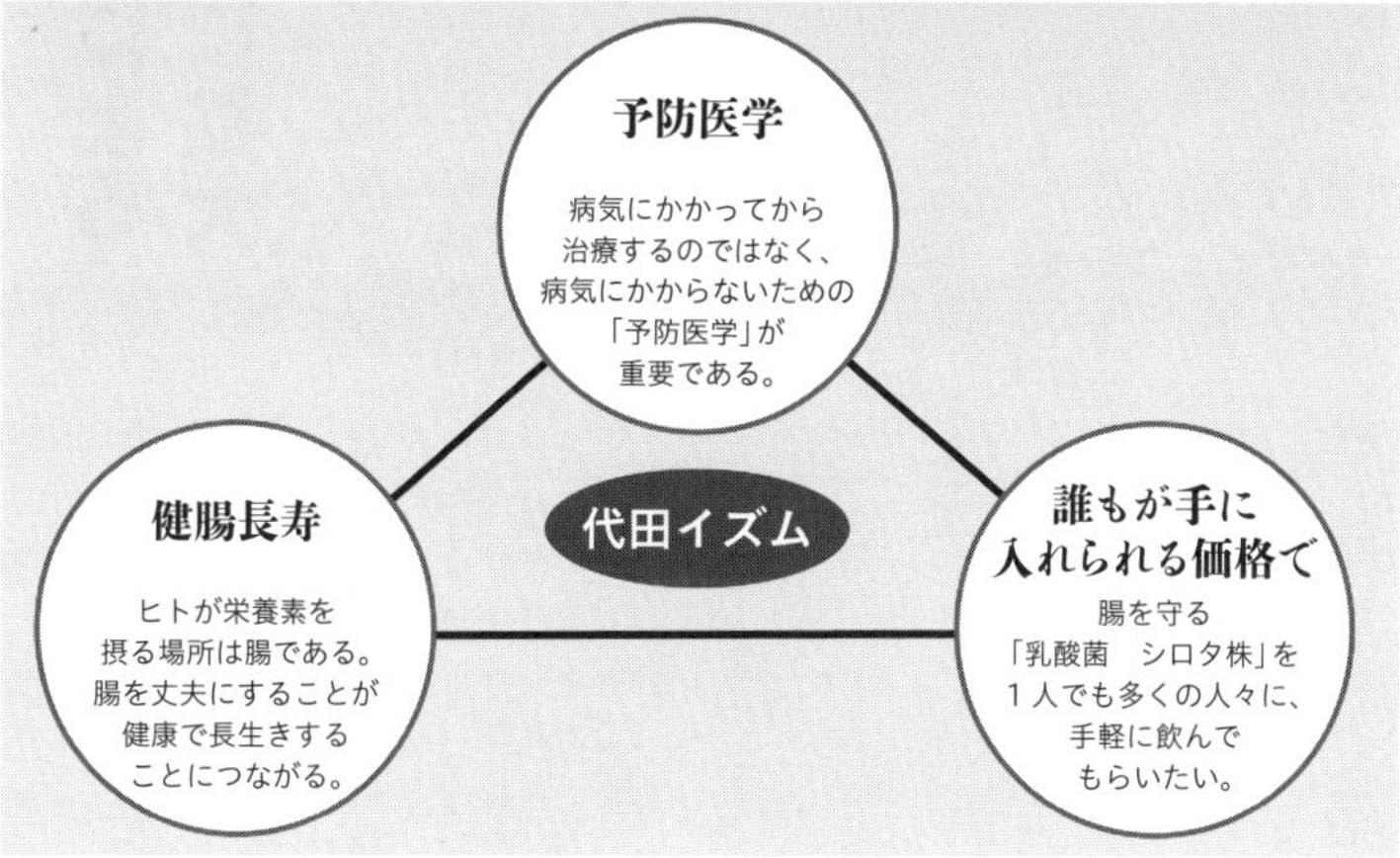

資料：ヤクルト本社ホームページより作成。

2 海外でもヤクルトレディによる地道な訪問販売を中心に拡大

ヤクルト本社が海外展開をスタートしたのは1964年。台湾を皮切りに、その後、1980年代初頭までに、ブラジル、香港、タイ、韓国、フィリピン、シンガポール、メキシコなど中南米や東南アジアに進出。1990年代年以降はアメリカやオランダ、ベルギー、イギリスなどの欧州、さらには中国へとネットワークを広げていった。近年では、インドでグループダノンとの合弁（50%ずつの共同出資）により、2008年1月にインドヤクルト・ダノンとして営業開始。2007年9月からベトナムでの販売も行っている［図1-2（→p.19）］。

ヤクルト本社の海外展開では、現地生産・現地販売の「現地主義」が基本方針となっている。また、最初にマーケットの大きな欧米を狙うのではなく、開発途上国や新興国から進めたというところも特徴の一つである。こうした中で、普及の原動力となってきたのが、ヤクルトレディの存在だ。

ヤクルトのように一般の消費者をターゲットにする消費財の場合は、現地のスーパーマーケットなどの販売店に商品を大量納入し、マスコミなどを使って大々的に広告宣伝活動を行って販売するというやり方が一般的だが、ヤクルト本社では、原則として海外でも日本と同様に、ヤクルトレディを使った地道な訪問販売を主体にした販売を行っている。

　ただし、こうしたやり方は時間がかかる上、文化・社会慣習の違いなどもあってさまざまな困難も伴う。例えば、比較的最近進出した国の中で、一定の成功を収めていると言える中国では、外資の参入規制の緩和★2があった2002年から本格的な進出を開始した。広州、上海、天津、無錫にある工場で生産し、販売拠点は広州から始まって、上海、北京、天津などの沿海部、さらに内陸部へと拡大していった。

★2―中国は2001年にWTO（世界貿易機関）に加入し、その翌年から外貨の参入規制を緩和している。

図 1-2 ★進出国・地域マップ

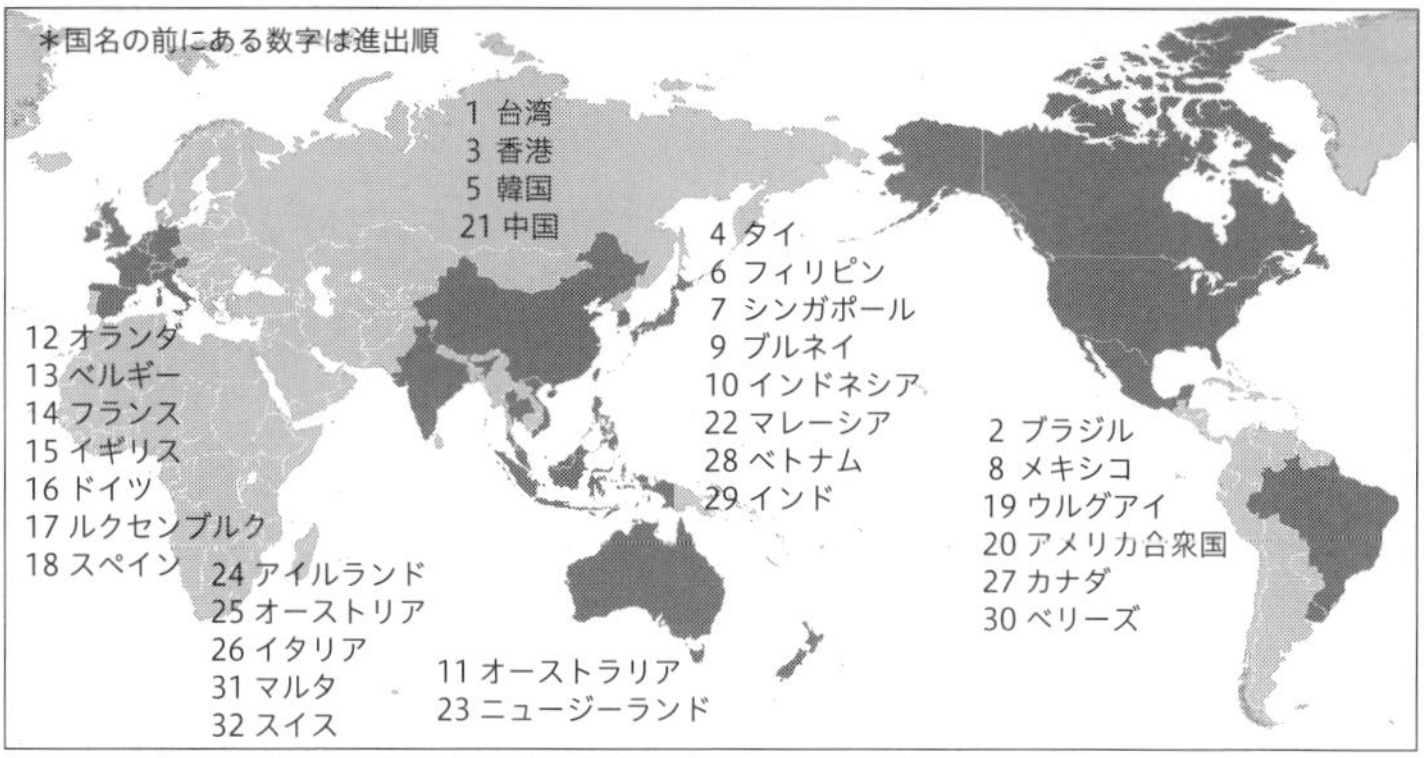

●販売対象人口：約 17 億 1,200 万人（2015 年 12 月末現在）
●27 事業所・26 工場（16 カ国）（2015 年 12 月末現在）
●販売本数：約 2,648 万本（32 カ国、2015 年 1 月～ 12 月　累計 1 日平均）

資料：ヤクルト本社「平成28年3月期決算短信補足説明資料」「ヤクルトの概況（平成28年8月）」より作成。

中国には飲食物を定時に宅配する文化はない。そのため、組織づくりや人材育成に時間がかかることから、店頭流通のウエイトが高くなったものの、やはりヤクルトレディ方式は取り入れた。

失敗から学んだ立て直し方法

中国より前に進出したフィリピンでの失敗が、海外でのヤクルトレディ方式の成功につながった例がある。フィリピンでは、ヤクルトレディが回収した代金をごまかしてしまい、会社に入金しないというケースも珍しくなく、ビジネス展開に暗雲が広がってしまった。そこで立て直しに乗り出したのが、平野博勝である。平野が中心になって、その日の販売代金を入れない限りは、翌日の品物を渡さない管理システムをつくったり、あるいは、それでもうまくいかないときは3人組で連帯責任を取らせるような制度を設けたりするなど、さま

図 1-3 ★海外事業の売上高と利益の推移

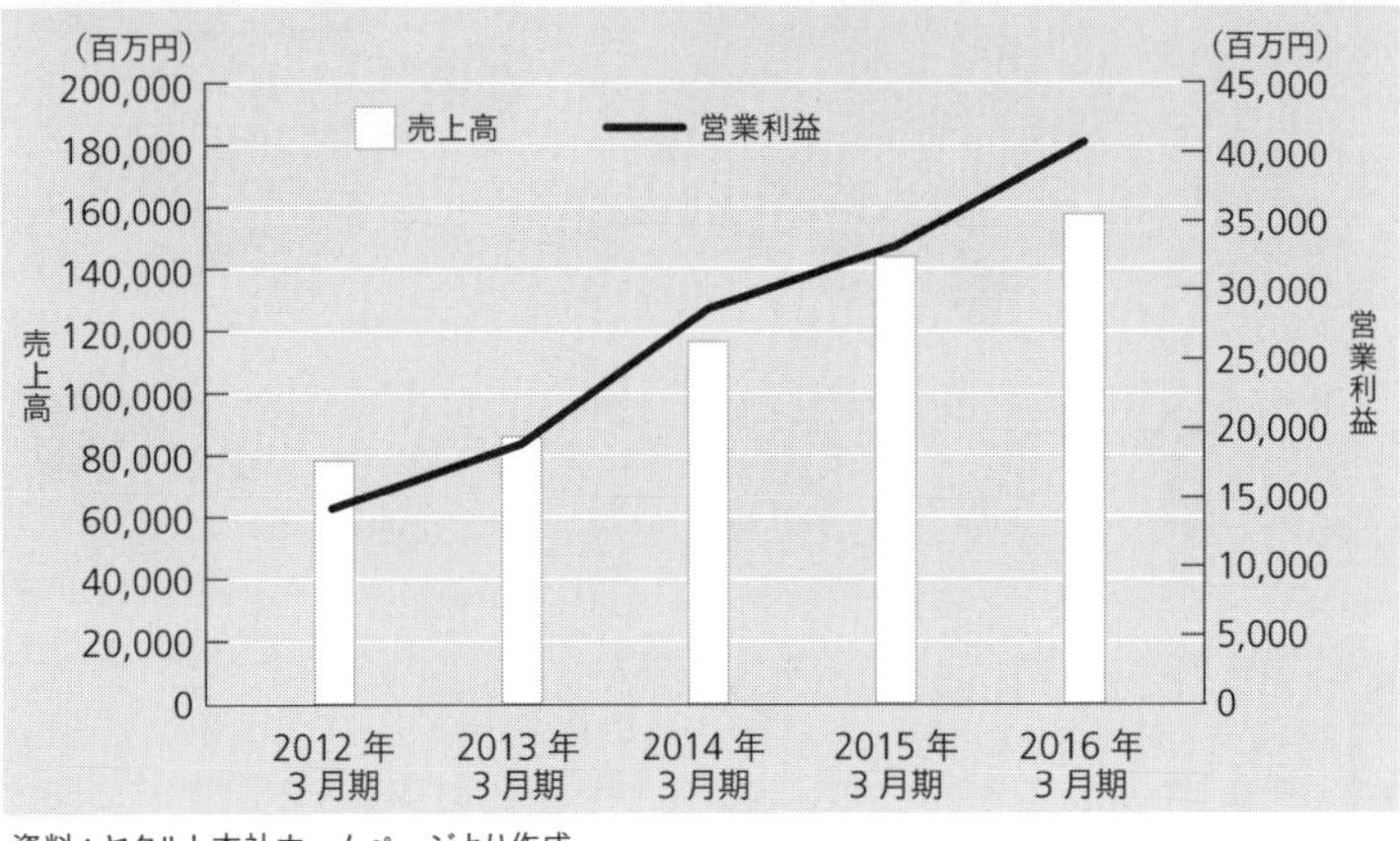

資料：ヤクルト本社ホームページより作成。

ざまな対策を打った。これが次第に成果を上げてビジネスが軌道に乗ったのである。

進出した各国・地域でこうした苦労を経験しながらグローバル展開を続けてきたヤクルト本社だが、2015年6月現在では、海外27事業所を中心に、日本を含む33の国と地域でヤクルトなどの乳製品を販売しており、その販売本数は海外で1日約2600万本以上、国内を含めると全世界で毎日約3500万本に達している。そして海外では4万4848人(2015年12月末)(国内3万6536人〈2016年3月末〉)のヤクルトレディが活動している。

海外飲料事業を全体として見ると、極めて順調である。ヤクルト本社の主要事業セグメントとしては、国内飲料事業、海外飲料事業、医薬品事業などがあり、セグメント別の数字で見ると、海外飲料事業は、近年、売上高・営業利益ともに右肩上がりで伸びている〔図1-3(→p.20)〕。2016年3月期の数字では、売上高1584億8000万円で全体の39%と、国内飲料事業の48%には劣るものの、営業利益でいくと403億7700万円で、何と全体の71%を占める断トツの稼ぎ頭となっているのだ。これは、ヤクルト本社の考え方とビジネスが、まさに世界中に着実に広がっている証しと言えるのではなかろうか。

【ケース解説──ここが重要】

Point 1

進出先の地域の「課題」解決を目指す

ヤクルト本社は大企業ながら、非常にシンプルな会社である。商品をいろいろと出してはいるものの、代田博士の「予防医学」「健腸長寿」の考え方から生まれたヤクルトを原点としている。ある意味この考え方だけで完結しており、こういう会社は珍しいのではないだろうか。

しかも、このヤクルト本社の考え方は、グローバル展開における社会課題の解決にも貢献できるものだ。昨今の世界的なテーマと言えば、地球環境問題がよく指摘されるが、実は一番大きな問題は、「水」の問題である。特に途上国では、安全な飲料水がなかなか確保できないこともあって下痢になる人が多い。生死にかかわる場合もあるし、そこまでいかなくても、大人が働きに出られず所得が減ったり、子供が学校に行けなかったり、というように生活が破壊されてしまうこともある。ヤクルトは、この水問題への対応という世界最大のニーズに対応している。生きて腸まで届く乳酸菌によって腸内環境を良くするため、整腸効果が見込める点が一番のポイントと言える。

また、ヤクルトレディの販売スタイルにはヤクルトの考え方がすべて凝縮されている。これは、基本的にヤクルトという飲み物は、正しい飲み方をきちんと伝えないといけないという考え方から生まれている。たまたま店で手に取って週に1回だけ飲むというような飲み方では、本来のヤクルトならではの良さ、「予防医学」や「健腸長寿」の効果が実感できないというわけだ。今はもちろん市販でも流通しているし、海外では訪問販売が許されない国もある。例えば、アメリカなどで訪問販売をしようとしたら、危険にさらされる恐れも十分に考えられる。そのため全世界でこの方式を取っているわけではないが、基本的に訪問販売が可能な地域ではこれを貫徹しようという方針である。従ってアジアにおいても、市販もするけれども、ヤクルトレディを使って愚直に売っていく形を取っている。

Point 2 短く、シンプルなコンセプトを用意する

グローバル展開をしていく上で、シンプルでわかりやすいコンセプトは、大きな強みになる。学問の世界でも、古典的に生き残っている理論は皆シンプルだ。あれもこれもある、というような理論ではなかなか人の理解が進まないし、何を言いたいのかわからずに普及し

ないのである。それと同じで、できるだけシンプルに自分たちの思いを伝えるほうが、理解されやすく、そして広がりやすいのは当然のことである。海外でマーケティングをしている人は、現地の取引先などから、「この製品は何が売りなんだ？　忙しいから一言で言ってくれ」とよく言われる。しかし、日本人特有の理由もあり、この説明が難しいことがある。

例えば、他社にも同じような製品があって、ドングリの背比べのように見えて他者がその優劣を判断できないような場合でも、序章で触れたような、日本のモノづくり重視の経営者は、「うちはいいものを作っているから、使ってもらえば消費者にはおおっぴらに言わなくても良さはわかるはずだ」というような考え方をすることがある。さらに、日本人は控えめを美徳とする傾向が強く、シンプルな伝え方で自分たちの素晴らしさをアピールするのは、意外と不得手なのだ。

けれどもヤクルトの場合は、「生きた乳酸菌が腸ま

図 1-4★海外でのヤクルトのボトルデザイン写真

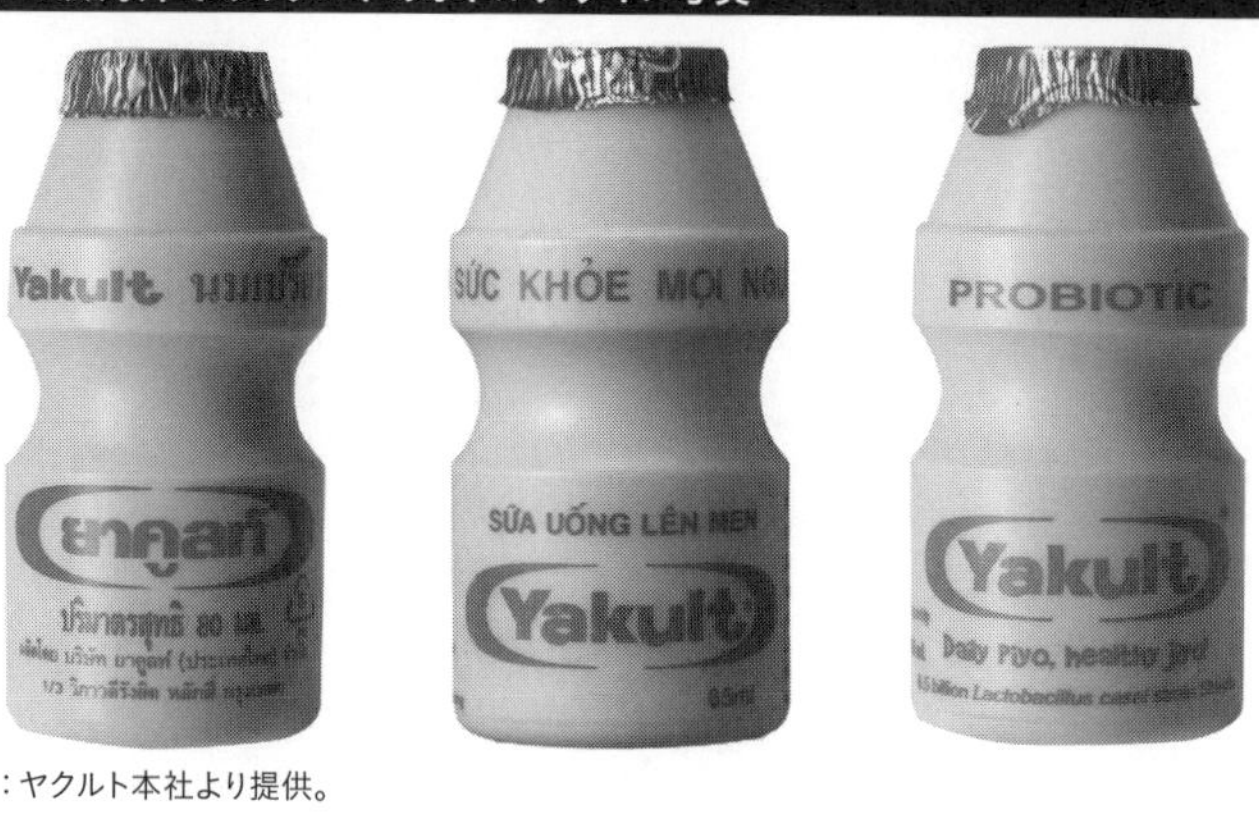

資料：ヤクルト本社より提供。

で届きますよ」「健康になりますよ」「おなかの調子を整えますよ」というふうに、体によい製品であることをシンプルに伝えられてアピールもしやすい。これはマーケティングの重要なポイントである。ちなみに、ヤクルトは製品もシンプルで、例えばレシピはもちろん、ボトルデザインも基本的に世界共通である［図1-4（→p.24）］。

パッケージフィルムなどのさまざまな副資材についても、基本的には現地調達をせず、日本から輸出している。これは、日本と同様の品質を保つためである。従って値段はそのぶん高くなるけれども、理念に沿ったヤクルトという飲み物を守るためにはやむを得ない。こういうところも徹底しているのである。

Point 3 「撤退しない」方針を貫く

ただ、国内においてもそうだが、海外でもヤクルトの販売価格は決して安くはない。例えばインドでは10ルピー（16・6円、2017年1月現在）程度で販売しているが、ヤクルトよりも20％ほど容量が多い競合品が半額程度の価格で市販されており、同じ店で横に並んで置いてあるのだ。

こういう状況なので、少なくとも現時点ではインドでヤクルトが爆発的に売れているわけではないし、必ずしも成功しているとは言えない。工場の稼働率から見ると、1工場で1日に何本生産するとペイするかという基準があるが、筆者がインドヤクルト・ダノンを訪問した2012年の時点では、まだその基準に達していなかった。だがインドでは現地法人設立から10年以上たっている。これはベトナムでも同様だ。

海外での普及には時間がかかるため、それもやむを得ない。一般的なビジネスで言うと、3年でフローが黒字、[★3]5年、下手をすると7年で累損一掃[★4]というイメージである。例えばインドヤクルト・ダノンの場合は競合品もあって、しかもそれに比べて値段が少々高いという状況がある。そうなると、3年や5年ですぐに普及するのは難しい。しかも、インドの場合は所得水準も低いので、ヤクルトを買える層となると、マーケット自体がもともと小さくなってしまう。その何%かを取ったとしても、工場の稼働率はなかなか上がらないのである。

必要とされている国で勝負する

だったら、もっとマーケットも大きいお金持ちの国に行けばいいのではないかということになる。しかし一方で、やはり理念的に、必要とされている途上国に進出するというところがあって、経営的には厳しいインドやベトナムで戦っている。あるいは、フィリピンでは、前述のように最初は苦労しながらも、一定の成功を収めているが、ラテンアメリカでも散々苦労している。ヤクルトレディの存在があってある程度うまくいってはいるのだが、地域の経済の混乱が大きいために、ビジネスとしてはそれほど楽ではないはずだ。

それでも、これまでヤクルト本社は、海外経営において、いったん進出した国・地域からは撤退しないという方針を貫いている。筆者の知る限りではアルゼンチンの販売事業所を閉鎖したことがあるくらいで、工場の撤退は一度もない。これも、もとはと言えば創業以来の代田イズムがあるからで、それを貫こうとすると、やはり時間がかかるということを経営陣もよくわかっているのだ。つまり、ヤクルトレディを使って飲み方をきちんと説明しないといけないということからもわかるように、ヤクルトの良さはすぐに理解してもらえるものではない。だから2〜3年やってみて赤字が続いたからといってすぐに撤退ということはしない。10年、20年かけて初めてその魅力が伝わるという考え方なのである。

Point 4 株主とも価値観を共有する

とはいえ、赤字がしばらく続いても撤退しないというのは、現実にはなかなかできることではない。特に上場企業の場合は、いくら考え方があるからと言っても、赤字が続いたりす

★3―キャッシュ・フロー（現金流量）において黒字になること。
★4―累積損失一掃の略。

ると株主からの突き上げもあるから、容易ではないのだ。しかし、ヤクルト本社の場合は、本当に撤退をしていない。それができるのは、会社の成り立ちも関係していると思われる。

社名に「本社」と付いているが、これは何かというと、日本全国のヤクルト販売会社がお金を出し合ってつくった会社の本社といった意味合いである。もともとは、それぞれ独立してヤクルトを売っていた全国の販売会社が、ヤクルト本社をつくり、そこが一括して全国の統一した意思決定をやっていくことにしようとしたのだ。そういう会社だから株主も同じような考え方をしている人が多く、海外に出ても、その地の人々の健康のために頑張るという価値観を共有しているわけである。

従って、これだけの大きな企業になった今も、創業以来の考え方がＤＮＡとして会社の中に浸透しており、海外展開においても徹底している。この点もヤクルト本社の大きな強みの一つだと言えるだろう。

ケース 2

会宝産業の事例

気づきを得て、地方の解体業から
グローバルな静脈産業へ

自動車解体と中古部品販売からスタートした会宝産業。
創業者の近藤典彦は、ある人物との出会いをきっかけに、
「自動車解体業を、誇りある仕事として認知してもらえるようにしたい」
と思うようになる。
その理念をもとに、
いまや世界約 80 カ国に自動車の中古部品を輸出するまでに成長した。

1 自動車解体業を誇りある仕事に

会宝産業は、石川県金沢市に本社を置き、現在、世界約80カ国に自動車の中古部品を輸出している。創業者である近藤典彦（現・代表取締役会長）は、金沢市内の高校を卒業後、みそ・麹《こうじ》を作っていた家業の手伝いをしていた。しかし、ちょっとしたことで父親と衝突し、実家を飛び出して上京。中古車販売業を営んでいた遠戚のところで働くことになった。そこで身につけたのが、自動車の解体技術だった。その会社では3年ほど勤務したが、実家から父親が倒れたとの知らせが入り、金沢に戻ることになる。そして１９６９年、近藤が22歳のときに立ち上げたのが、自動車の解体と中古部品を販売する有限会社近藤自動車商会（会宝産業の前身）である。

当時の日本は、本格的な高度成長へと向かう時期であり、新車や新しい部品に人々の関心が集まり、需要も高まっていったのに対して、同社がやっているような仕事は「解体屋」と呼ばれ、世間からは冷たい目で見られるという現実があった。

そんなあるとき、近藤はたまたま出会った浄土真宗の僧侶から、「君は何のために経営をしているんだ？」と問われた。「金もうけです」と答えたところ、「それだけか？　それで人生が面白いのか?」と言われ、あらためて何のために事業を営んでいるのかを深く考えたことが最初の転機になった。自動車解体業を、誇りある仕事として認知してもらえるようにしたいと強く思うようになり、そのために「あいさつ日本一」「きれいな工場世界一」などを掲げ、5S活動やトイレ掃除などにも取り組んで、徹底した従業員教育を行っていった［図1-5］。

2 世界約80カ国に自動車中古部品を輸出

ビジネス面で大きな転機が訪れたのは、1991年のことである。どこからか情報を得て大阪にある繊維商社のインド人が訪ねてきて、海外からバイヤーを連れてくるので中古部品を売ってほしいと言ってきたのだ。半信半疑ながら近藤が了承したと

図 1-5★会宝産業の経営方針

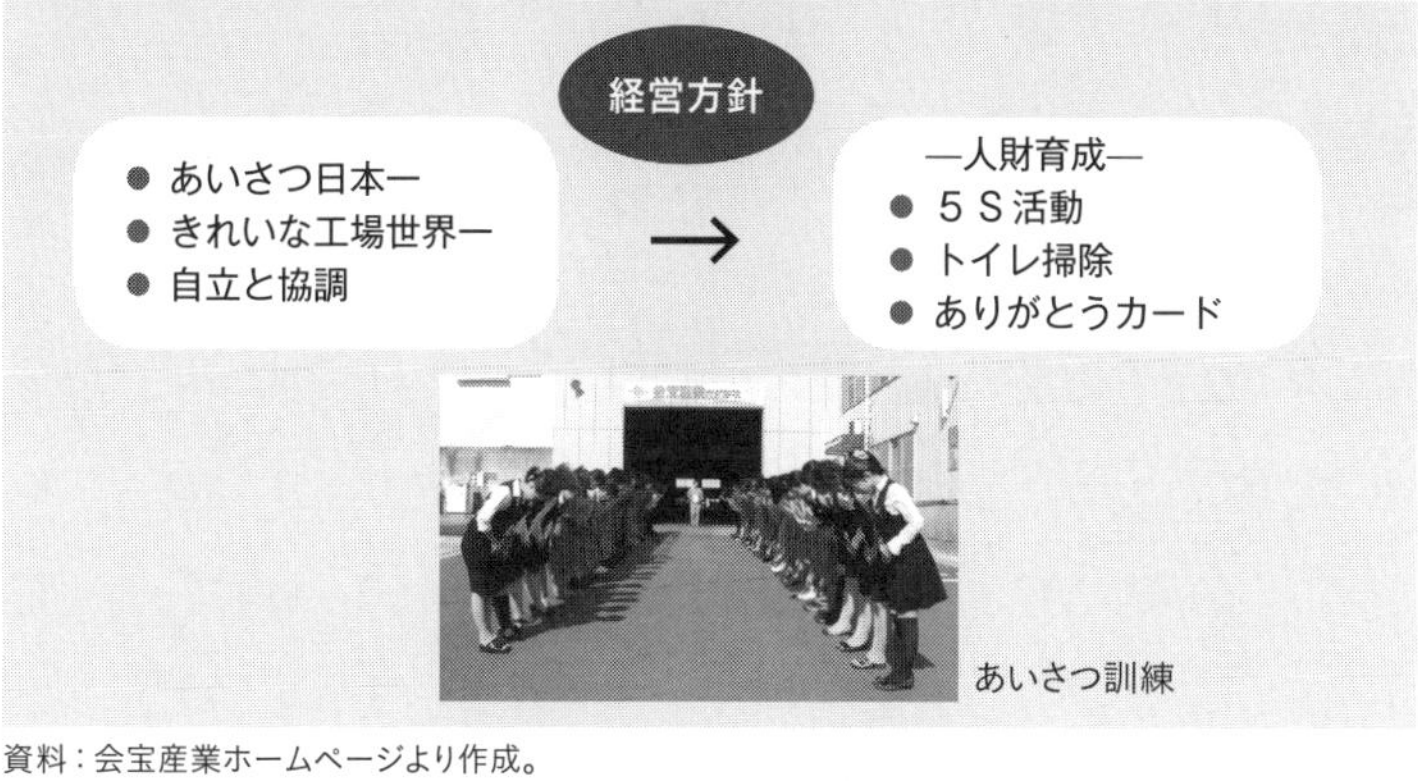

資料：会宝産業ホームページより作成。

ころ、後日クウェート人のバイヤーがやって来た。そして、コンテナ1台分、総重量20トンもの中古部品をかき集めて買い取っていった。

中古部品の単価自体は、日本国内のほうが2倍ほど高かったものの、海外において、特に新興国や途上国の場合、日本では到底売れないような古い部品でもニーズがあり、しかもまとまった量で買い取ってくれるのだ。この取引で輸出の可能性を実感した近藤は、これを追求していくために、１９９２年には社名を現在の会宝産業株式会社に変更。海外への販売量を徐々に拡大し、取引する会社や国・地域の数も増えていった。その過程で、海外の買い取り業者の間に「日本で中古部品を買うなら会宝産業がいい」との評判が口コミで広がっていったことも躍進を後押しした。こうして現在では、約80カ国に自動車中古部品を輸出している。また、海外展開としては、２００８年7月に合弁会社を設立したタイをはじめ、ケニア、ナイジェリア、ガーナにも進出、２０１４年7月にはアラブ首長国連邦に現地法人を設立している。

独自のネットワークシステムを開発

輸出や海外展開での業務に威力を発揮しているのが、２００５年から稼働している会宝産業独自の自動車リサイクル総合管理ネットワークシステム「ＫＲＡシステム」だ。これは中古車・使用済み自動車の仕入れ・解体・部品管理から販売までをＩＴで一括管理できるオンラインシステムである。自動車のエンジンや中古部品は、まったく同じ型番の製品であっても、使用状況によって商品価値は変わってくる。そこで同社では、エンジン・中古部品をバーコードで単品管理し、その部品が搭載されていた車の年式・走行距離をはじめ、価格、在庫数、販売履歴等のデータも、すべてわかるようにした［図1-6］。

現在では、このシステムを海外バイヤーや、国内でアライアンスを組む同業者にも提供している。これにより、海外のバイヤーは、会宝産業を日本のエージェントとして、会宝産業は海外のバイヤーを海外のエージェントとして活用できるので、互いにプラスというわけだ。また、日本国内の業者はこのシステムを利用することにより、

図 1-6★KRA システム

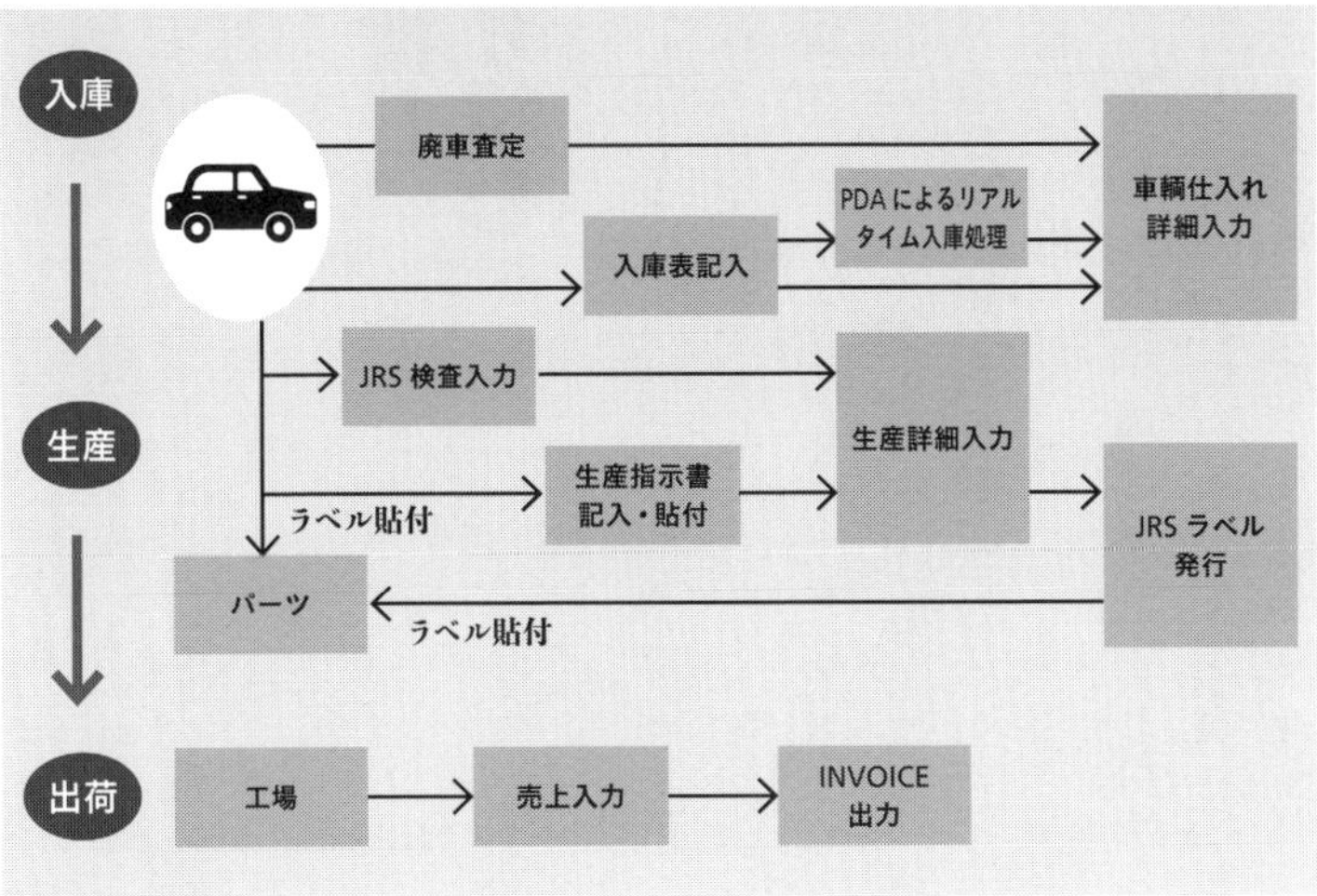

資料：会宝産業ホームページより改変。

海外バイヤーに品質を明示でき、取引の信頼性を高めることができる。それ以外でも、会宝産業には英語、スペイン語、ロシア語、中国語ができるスタッフが常駐しており、煩雑でリスクを伴う海外企業との交渉も会宝産業が代行するので、取引の手間やリスクを大幅に軽減できるといったことなど、多くのメリットがある。

3 静脈産業の確立を目指し、さまざまな活動に取り組む

会宝産業は、今では「静脈産業」の確立を目指している。モノづくり産業を動脈産業とすれば、静脈産業とは作ったもの・使ったものを循環させる産業であり、人間の身体同様に、この動脈と静脈が両方揃って初めて健全な状態を保つことができる。そう考えれば、自分たちの仕事にもっと誇りが持てる――海外との中古部品の取引を通じて、こう強く感じるようになった近藤が中心となり、静脈産業としての地球環境や社会への貢献を自分たちの使命と捉え、純然たるビジネス以外にも、さまざまな活動に取り組んでいる。

例えば2003年には、全国の自動車リサイクル業者とともに、内閣府認証NPO法人RUMアライアンス（ReUse Motorization Alliance）を設立した。これは「競争から協調へ」を旗印に、よりよい地球環境を志す、全国の自動車リサイクル業者の集まりである。近藤が代表

理事を務め、2016年12月時点では20社が正会員として加盟している。日本国内はもとより、世界への静脈産業の普及に努めているが、その活動の一環として2007年には、「国際リサイクル教育センター　IREC（アイレック）」を開設した。これは、宿泊しながら自動車リサイクル技術が学べる研修施設で、国内・海外から研修生を受け入れている。また、会宝産業では、JICA[★5]事業と連携し、2012年から2014年まで、ナイジェリアで自動車リサイクル事業の可能性を調査するなど、BOP（ベース・オブ・ザ・ピラミッド[★6]）ビジネスにも取り組み始めている。

地方の解体屋からスタートした会宝産業だが、

★5―独立行政法人国際協力機構の略称。日本の政府開発援助（ODA）を一元的に行う実施機関で、開発途上国への国際協力を行っている。

図 1-7 ★売上高と利益の推移

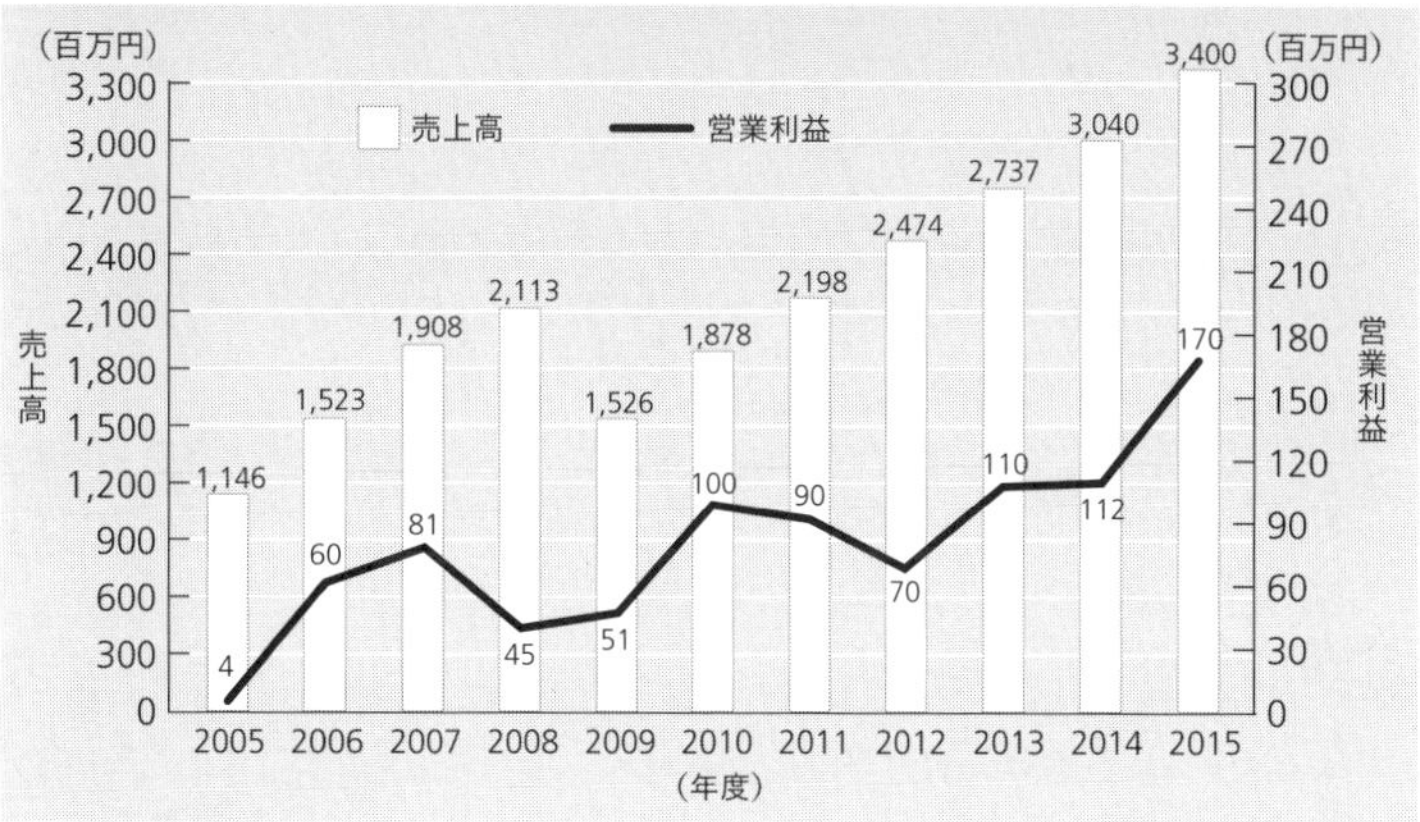

資料：会宝産業より提供。

このように、現在はグローバルな静脈産業の牽引役としてさらなる成長を続けている[★7]［図1-7（→p.35）］。

★6—世界の中で、所得階層別の人口ピラミッドにおいて、所得は最も低いが人口では多数を占めている層のこと。途上国を中心に約40億人、世界総人口の70％以上を含む大きな市場とされている。
★7—近藤典彦『エコで世界を元気にする！　価値を再生する「静脈産業」の確立を目指して』ＰＨＰ研究所、２０１４年より。

【ケース解説――ここが重要】

Point 1

身近なところから「理念」を考え直す

会宝産業の近藤会長は、もとは親に勘当されて自分で事業を始めたやんちゃな人間だ。しかし、浄土真宗の僧侶との出会いをきっかけとして「気づき」を得る。それまでに何か葛藤があったのかもしれない。この出会いがあったときにわが身を振り返って、このまま単なる車の解体屋でよいのかと考えたのである。

これが大きな転換点となって、まず、従業員が誇りを持って働けるようにしようと思い至る。つまり、従業員のため、地域のために経営をしようというところに最初の気づきがある。だから、服装をきちんと整えて、清潔な環境にして、あいさつもしっかりとする。そうすればお客様も気持ちよくなる、といったところから始まっていく。それが国内、やがて世界へと広がって、リサイクルや地球環境問題への対応といった理念や夢に発展していくというプロセスがあることを一つ理解しておく必要がある。

従業員が誇りを持てるようにと、「あいさつ日本一」とか「きれいな工場世界一」「自立と協調」などを掲げて、社内の教育や美化などに取り組んでいく。その中で例えばトイレの掃除を社長以下全員が素手でやる、といったこともしている。近藤は明るい性格で行動力があって、その一方では非常に厳しい面もあり、経営者として極めて高い資質を持っている。ただ、もとはと言えば、近藤も決して立派な人間ではなく、そこが逆にある意味強みにもなっている。「いや、俺もダメな男だったんだ。だから俺もトイレ掃除をやるから、皆も一緒にやろうよ」という姿勢でいるから、皆もついてくるというところがあるわけだ。

「ごみ」を徹底して磨き上げる

最初はいわゆる解体屋なので解体をしていたのだが、すると当然中古部品が出てくる。会宝産業では、これはもったいないから、きちんと磨いて売れるようにすれば商売になると気づく。環境問題では、「バッズ(bads)をグッズ(goods)に」という言い方をする。バッズ(ごみ)は引き取ってもらうのにお金がかかるけれども、これをある形にするとグッズ、つまり商品になるというわけだ。もちろん、ほかの同業者もそういうことをしてはいたのだが、それを徹底してやっていった。

やがて、そのうわさが海外にも伝わって、そういうものがあるなら売ってくれという話が来る。途上国では新品の交換部品なんて、高価で買えない。それならば、解体するときにあらかじめ取り出した部品をきちんと整理していこうということから始まって、だんだん品質基準を明確にしようといったプロセスで、海外でのビジネスが進化していったのである。

Point 2

「日本の車」というプラスイメージを生かす

そもそも会宝産業の中古部品が海外で注目された背景には、まず扱っているのが日本の車の部品だったということがある。日本の中古車はかなりの年代物でも品質がよくて、20年物のエンジンでさえも、まだ動く。これはやはり日本のモノづくりが優れていて、車も高品質のものをつくっていたので、近藤はそういう日本の車の恩恵を受けながらビジネスをしていったのだ。

本書でもこの後、第8章で詳しく述べるが、ブランドというとき、実はその一番の根底には、国や地域がある。ユニクロが〝ユニクロ・フロム・ジャパン〟とか〝ユニクロ・フロム・トーキョー〟というのを世界中に出しているように、世界の消費者は日本のイメージや日本のものはよいと感じていることが多い。つまり日本自体がブランドになっているのだ。まずここが一つあって、その上に経営品質というものがある。経営品質とは、創業者の理念や社長の思い、CSR★8を含めてどういう活動をしていくかといった考え方などを言う。さらにその上に、製品品質やそのほかいくつかのものが積み重ならないと、ブランドにはならないのだ［図1‐8］。

商品の価値を高める経営品質

会宝産業の場合も、まず日本の車というプラスの面がある上に、近藤の理念・考え方すなわち経営品質がある。そして、それらに加えて、提供する製品の品質をきちんと担保する保証制度を設ける、というふうに、日本発のブランドとしての条件をしっかり備えている。そうは言っても、会宝産業の場合は海外展開の経緯からもわかるように、最初から世界を視野に入れていたわけではない。

近藤は非常に情に厚く、先代のときに仕えていた人の子供が今でも幹部として働いていることからもわかるように、社員を家族のように思っている人である。だから、まずその社員をきちんと食べさせていこうという気持ちがあっただろうし、前述のように、解体屋を誇りの持てる仕事にしたいという意識は強かったは

図 1-8 ★国や地域のイメージの上に品質が積み重なりブランドとなる

資料：筆者作成。

ずだ。そういう基本的な理念があったから、ビジネスにおいても手を抜かず、部品の品質管理等もしっかりとやっていった。それが結果的に、海外のバイヤーから評価を受けることになったのである。

これは近藤本人に聞いた話だが、世界に出て行って、だんだんと視野が広がった。途上国の貧困を目の当たりにして、これは何とかしなくてはいけないとか、車をつくる上でも大量に水やエネルギーを使うということからも、地球環境はこのままでいいのか、などいろいろと考え始めたのだそうだ。そこで社会貢献活動にも力を入れるわけだ。

しかし、そういう視野の広がりが生まれたのも、根底に近藤の理念・考え方があったからだ。単に金もうけだけやればいいというスタンスでいけば、商売として業績は上がっていたかもしれないけれども、今のような形にはならなかったと思う。その意味では、やはり最初の浄土真宗の僧侶との出会いは非常に大きかったと言えるだろう。故松下幸之助も同じような経験をしているが、理念の獲得・確立というのは経営にとって極めて重要なのである。

★8——企業の社会的責任（Corporate Social Responsibility）のこと。企業が利益を追求するだけでなく、多様なステークホルダー（利害関係者——消費者や取引関係先、社会全体など）に対して果たすべき責任のこと。

Point 3

社会貢献しながら利益を上げるビジネスのセンス

ＩＴ化を進めたのは、特にグローバルな取引の先を見据えてのものだ。国内で自動車中古部品の売買をするときは、程度の差はあれど相手もプロフェッショナルなので目利きもできる。ところが海外では、近藤の言葉を借りるなら、「1年物のエンジンも20年物のエンジンも同じ値段」で売られているような状況であった。そこで、きちんと品質表を作って、これは何年物だからこの値段だというふうにして公表するようにした。売る側にとっては、古いものも同じ値段で売れれば、高く売れていいように思えるが、すぐに壊れてしまうと信用をなくすことになる。そこで、売り手にとっても買い手にとっても互いにメリットがある形にしたのである。

最初は人手で管理していたが、扱う量が増えるに従ってとても人手では管理が難しくなり、ＩＴ化を図った。今では工場の中に部品の棚をつくり、コンピューターできちんと単品管理をしている。その結果、バイヤーも安心して買えるし、会宝産業などの売り手側も、いいものは高く売れるようになった。

会宝産業はかつてテレビ番組「カンブリア宮殿」（２０１４年9月4日放送）で紹介されたこ

とがあるが、そのときには、20年物の乗用車を廃車にしようとするお客さんに7万円を支払っていた。「この車に7万円も払ってくれるの⁉」と驚くお客さんに対して、「いいんです。うちは部品を売ってちゃんともうかりますから」と答えている。いいものは高く売れるから、本来は所有者が処分代を払わなければならないような中古車に対しても、逆にお客様に金銭を払って引き取れるのだ。しかし商売だけを考えれば、このような車をタダで引き取っていたらもっともうかる。それをあえて7万円払うというところにも、確実に近藤の理念があるのだ。

もちろん、いくら素晴らしい理念があっても、ビジネスとして成り立たないというのでは意味がないが、近藤はビジネスのセンスもある。このＩＴシステムをはじめ、これまでやってきたことは、その時々に必要に迫られて何をするのが一番いいのかと考えての判断だろうが、絶えず新しいことを取り入れたり、社会や地球環境に貢献するような活動をしたりしながらも、着実に業績を伸ばしているのだ。ここも非常に重要なポイントである。

［まとめ］リスクの高い海外展開では絶対的な「理念」が必要

ここまで2社の事例を見てきたが、本章で得られる結論を一言で言えば、「グローバル・マーケティングにおいては理念が重要」ということである。企業、特にこれから海外進出を目指す中小企業の人たちに強く訴えたいのは、単に国内市場が縮小しているから海外に出るというのではなく、ぜひ、しっかりとした自分たちの理念を持って出てもらいたいということである。金もうけだけを考えるなら、正直言って海外は国内以上に厳しい。

国内で8割のシェアを取っている企業は、国内市場が縮小すると当然自分たちも縮小するので、海外に出ざるを得ない。ところが国内で1％しかシェアを持たない企業は、これを2％とか3％にするのは決して不可能ではないはずだ。これに対して、海外では、まず言葉も通じないし、すべてをゼロからつくり上げていくことになるため、そんなに簡単ではない。断然、国内でビジネスをしたほうがいい。あえて出るというのならば、やはり困難を乗り越える何か、それこそ理念や覚悟がない限り、なかなかうまくいかないのだ。

とはいえ、最初に海外に出るきっかけは偶然の引き合わせというケースは珍しくない。例えば公文式で知られるKUMON（公文教育研究会）の場合は、日本で子供を公文式教室に通わせていたお母さんが、夫の転勤で行くことになったニューヨークでも、同じように学習させたいというところから海外進出がスタートした。また、男性化粧品のマンダムでも、「丹頂チック」を日本で買った台湾のある経営者が、台湾でも「丹頂チック」を売らせてほしいという話から始まるとか、そのほかラーメン店業態などでも似たような話がよくある。だから、出発点はその形でもいいと思う。ただ、ボランティアではなく、あくまでもビジネスだから、いったん経営者が、理念と覚悟をもった上で出ると決めたら、利益をどう上げていくかというところまで考え、しっかりと計画と方針を立てておく必要がある。最初は赤字でも仕方がないから、3年目で何とか黒字にしたいという方針を決めたら、派遣した社員や現地で雇った人たちに、2年間は我慢するからといったことをきちんと伝えてやっていくことが大切である。それを途中で本社のほうが考え方や方針を変えて、現地に対して「まだ黒字化しないのか、何やってるんだ」とか「赤字なんだからそんな高い原材料を使うんじゃない」などといいだすと、体制がガタガタと崩れていくわけだ。

あるいは、合弁で海外に出るケースもあるが、合弁相手がとんでもないという例はいっぱいある。だから、激しい丁々発止の戦いを繰り広げながら海外進出を図ることも多いだろうが、そんなときにも、やはりぶれない理念があるかどうかが成功のカギを握ると思う。

第1章 Chapter

point

- 国内が縮小しているからではなく しっかりとした理念を持って 海外に出る
- いったん出ると決めたら 理念と覚悟に加えて 収益面の計画も十分に練る
- コンセプトはシンプルで わかりやすくして 世界共通の基盤に乗る

Column

ベンチャー企業のグローバル・マーケティング

ヘッドウォータース

理念型ITベンチャーの海外展開

ヘッドウォータースというユニークなITベンチャーがある。篠田庸介が設立したのは2005年で、創業当初はシステムインテグレーションを事業の根幹としてきたが、現在は培われた技術力を基礎にロボット開発、ゲーム開発、コンサルティング等の事業を手がけている。特にロボット関連では、pepperのアプリも開発するほど高い技術力を持つ。現在はクラウドロボティクス事業のトップランナーというポジションで上場に向けた体制づくりに入ったため、状況が変わってきたものの、これまでには、インド、ベトナム、カンボジア、中国、UAE（ドバイ）、アフリカ（ケニア、ルワンダ）、イランなど、非常に活発な海外展開を行ってきた。

ヘッドウォータースの大きな特徴が理念志向型である点だ。「エンジニアのキャリアパスを再構築し、IT業界の変革を計る」という基本理念の下、「業界の渦の中心、源流となる」「日本初のグローバルIT企業を目指す」とのビジョンを掲げている。過去の積極的な海外展開もこのビジョンに沿ったもので、途上国を中心に進出していた。もちろん、途上国は労賃が安いのでコスト面でもメリットは多いのだが、ただコストだけを理由に途上国に出たわけではない。

基本的には、まず理念を掲げてその進出国で現地の人材を採用し、教育をして立派なエンジニアを育て上げる。それが信頼性の高いシステムをつくり上げることにつながって、クライアントに対する信用を確保する。システムという性格上、品質ありきであることは不可欠だが、同時にコスト削減もでき、かつ、その国の発展に貢献するというスタンスである。それに、ヘッドウォータースが進出した途上国は、インドはもちろん、ベトナムやケニアなど、いい大学を出ても、自国で働き口がないということで、意外に低コストで優秀なエンジニア人材を採用できるという利点もあった。一方、ドバイの場合は人件費などのコストは高いが、日本企業が進出しているので、顧客のシステムインテグレーションをサポートするために出ていた。また、ドバイだけでなく、他国展開の際のハブとしても活用していたのである。

こうした形の海外展開を、わずか10年ほどの間で急速に実現したというところが注目に値する。海外ビジネスを行っていく場合には、ビジネスのスピードの速さは非常に重要である。同社がこの速さで展開ができた一つの要因として、地域の責任者との理念の共有化ができていたことも大きかった。ヘッドウォータースの場合、現地人をトップに置き、ナンバー2には日本人を配置するという形を理想としてきたが、要は、現地人であれ派遣する日本人であれ、会社もしくは経営者の経営方針や考え方をきちんと理解しておくことが大切だ。例えば、クライアントに対する考え方やサービスの方針、従業員への対応の仕方などを間違ってしまうと、組織全体がガタガタになってしまうのである。この点はどのような企業においても、海外で成功するための必須条件である。

ただし、ITという極めて変化の激しい業界だけに、海外展開も一筋縄ではいかない。ヘッドウォータースの場合は、冒頭で触れた上場という要素も加わったため、海外事業は、今では撤退(売却、譲渡等)を含めてほぼペンディングになっている。

特にベンチャーや中小企業の場合には、体力的な問題もあるため、進退や投資に関しては、柔軟な姿勢で臨まざるを得ない。ヘッドウォータースも一時中断しているだけで、決して海外展開をあきらめたわけではない。上場後は、これまでの活動で築いた経験・ノウハウを生かし、ロボティクス事業での中国マーケットへの展開や、イランやルワンダで現地の大学と連携を取っての研究開発などを視野に入れている、と篠田は言う。これから同社の新たな海外展開がどのような形で進むのか、注目したい。

第2章 マーケティング・リサーチ

市場への理解を深める

Chapter

キーワード

フィージビリティスタディ
仮説検証型のリサーチ
CAGE分析
ハイ・コンテクスト・ソサエティ
ロー・コンテクスト・ソサエティ
モダントレード
参与観察

海外に進出するために、必須となっているのが市場の調査や分析である。しかし、日本企業として他国の「文化」を理解し、ものづくりにつなげていくことはとても難しい。本章では「マーケティング・リサーチ」の重要性を、花王の事例を取り上げて解説していく。

――――はじめに――――

海外に出ると決まれば、最初にしなければいけないのが、グローバル・マーケティング・リサーチ。すなわち、グローバルでの市場の調査や分析だ。

「マーケティング・リサーチ」とよく似た言葉に、「マーケット・リサーチ」がある。日本語ではいずれも「市場調査」となるが、この2つは同じではない。マーケット・リサーチは、ある商品の市場規模がどのくらいで、競合や流通はどうなっているかといった文字通りの市場や消費者の調査をするもの。これに対して、マーケティング・リサーチとなると、例えばその国・地域の政治制度や経済状況、文化がどうなっているかといった、非常に広い概念を包含している。つまり、マーケティング・リサーチの一部にマーケット・リサーチがあるのだ。グローバル展開をしていく場合には、単なるマーケット・リサーチにとどまらず、さまざまなマーケティング・リサーチが不可欠になるということを理解しておく必要がある。

ケース 3

花王
の事例

徹底したリサーチを
“よきモノづくり”に生かす

日本を代表する日用品メーカーである花王。
海外事業は 1960 年代からスタートしている。
日々の生活の中で使用される製品を取り扱うだけあって、
同社のマーケティング・リサーチはきめ細かい。
徹底した調査に基づき、海外でも受け入れられる製品群を作り上げているのだ。

1 きめ細かなリサーチで、消費者や市場、社会、競合を理解

日本を代表する日用品メーカーとして知られる花王。2015年度の実績では、連結売上高1兆4718億円。営業利益率11・2%、売上高純利益率6・7%で、26期連続増配もしている超優良企業である。

現在では、化粧品やスキンケア、ヘアケアなどの「ビューティケア事業」、健康機能飲料やサニタリー製品などの「ヒューマンヘルスケア事業」、衣料用洗剤や住居用洗剤などの「ファブリック&ホームケア事業」、産業界のニーズに対応した工業用製品の「ケミカル事業」の4つの事業分野を柱に、幅広い製品を提供している。海外展開は1960年代からスタートしており、アジア、米州（オーストラリア・ニュージーランドを含む）、欧州を中心に世界各地に進出している。地域別の売上高比率は、日本64%、アジア18%、米州9%、欧州10%（2015年度）となっている［図2-1（→p.55）］。

ここでは、ビューティケア事業内のスキンケア事業を例に取って、同社のグローバル・マーケティング・リサーチがどのように行われているかを紹介しよう。花王がグローバル戦略を立案する際に、一つのポイントとなるのが、消費者や市場、社会、競合などを理解する

ということだ。そのために、さまざまなマーケティング・リサーチを実施する。

生活者の動向を知るための調査では、一般の家庭を実際に訪問することも多い。例えば、調査員がバスルームの中にビデオカメラを持ち込んで、顔や髪の毛、身体の洗い方を撮影しながら調査をする。当然、モニターには水着を着てもらうのだが、なぜそこまでするかというと、ただインタビューしただけでは、本人の意識と実際の洗い方とが違ってくることもあるからだ。本人の答えだけをうのみにしてしまうと、間違った情報を入手してしまうかもしれないので、正確な調査のために行っているわけである。また、同じバスルームといっても、日本であれば洗い場とバスタブがあるが、中華圏ではシャワールーム中心で、またアセアン地域だとシャワーあるいは水がめを使うなどの違いがある。洗うときにも、タオルを使うか

図 2-1 ★所在地別の連結売上高

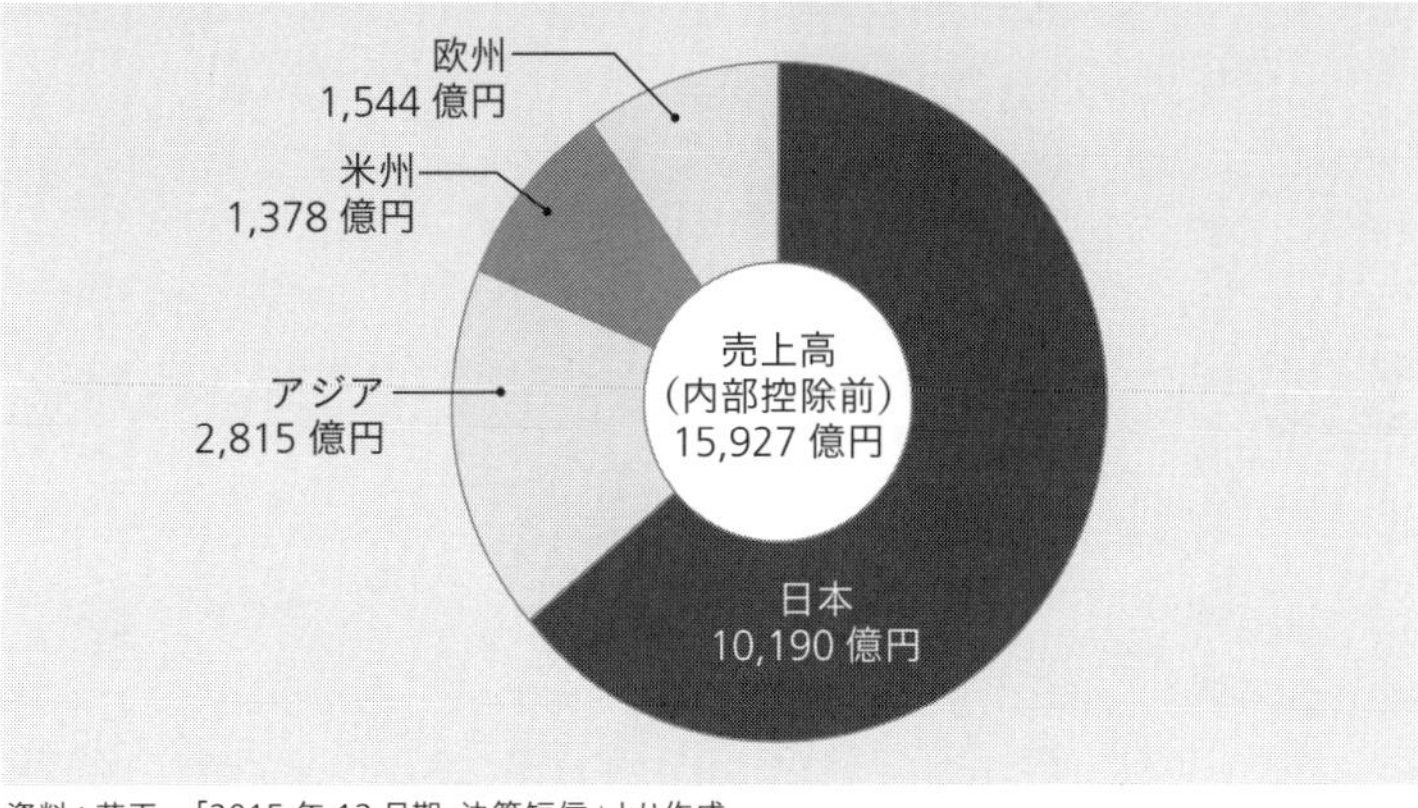

資料：花王 「2015 年 12 月期 決算短信」より作成。

手で洗うかなど国・地域によってスタイルが異なる。こうした細かいことも、しっかりとリサーチをしているのだ。あるいは、皮膚環境を探るために、温湿度測定器による気温と湿度の変化と、併せてモニターの1日の行動とを30分刻みくらいで詳細に記録するといった調査もしている。

自然環境まで製品づくりに生かす

自然や文化環境がボディケアとどう関連しているかという点についても、地域ごとの傾向をリサーチしている。例えばアジアの自然環境は、湿気が多く非常に暑い。東南アジア諸国では日焼けもひどいので、白肌へのあこがれがあり、頻繁に洗浄するといった傾向が見られる。そして、アフリカなら、空気が乾燥していて砂漠が多く、肌の露出は低い、などといった具合で調べるのである。さらに宗教にも目を配る。1日の行動を調べる中で、宗教がどのように生活にかかわっているか、それがスキンウォッシュ&ケアとどう結びついているかをリサーチしているのである。インドネシアでの調査を例に取ると、同国ではイスラム教徒が多く、イスラム教徒の場合は、1日に5回のお祈りをして、お祈りの前に水で体を清める。その際に、口をゆすぐことから始まり、顔、腕、額、耳、足という順番で清めるということや、会社や学校にもお祈りスペースがあるというところまで調べている。

このほかにも、気候、競合ブランド、チャネル、売り場等について、まさにきめの細かい徹底したグローバル・マーケティング・リサーチを行っている。これらの調査が一つのベースとなって、花王のグローバル戦略が立案・実行されていくのである。

【ケース解説──**ここが重要**】

Point 1 フィージビリティスタディと仮説検証を繰り返す

もともと花王は、「調査大好き」を明言するほどマーケティング・リサーチに熱心に取り組んでいる会社だ。特にいわゆるマーケット・リサーチにおいては、国内では約3000人のモニターがいて、さまざまな情報を提供してもらっている。一般の家庭を実際に訪問して生活の調査をすることも多い。通常は二人一組で調査員が入り、朝起きてからどのように朝食の準備をしたかとか、洗濯をしたか、洗濯の手順はどうか、洗剤をどのくらい入れるのか、掃除はどういう形でやるかというふうに事細かに調べていくが、これは海外でも同様である。しかも、海外の場合は事例からもわかるように、さらに幅広いマーケティング・リサーチを実施している。

ここで、グローバル・マーケティング・リサーチについて少し解説をしておこう。そもそも企業がマーケティング・リサーチをする目的は、いろいろな情報を収集して分析し、マーケティングをはじめとするさまざまな戦略を考え、実行していくためである。特にグローバル・マーケティング・リサーチでは、収集した情報をもとに、まず世界のどの地域・国に進出するのかという点を絞り込むことが必要になる。

まず、先進国に進出するのか、それとも途上国に進出するのかという部分でも違いは大きい。例えば、先進国の場合は市場規模が大きくて1人当たりの国民所得は高いけれども、成長率は低い。一方、途上国では1人当たりの国民所得は低いが、成長率は7〜8%あって、大半の国は人口も多く、潜在力がある。先進国の中においても、アメリカなのかヨーロッパなのか。そして途上国でも中国、インド、インドネシア、ブラジル等々、いろいろな国がある中から、どの国に進出するべきなのかということを判断していかねばならない。さらに、細かく言えば一つの国の中でも違いがある。例えば、中国の場合だと沿岸部なのか内陸部なのか、それも北部なのか南部なのかといった面でも環境は異なる。また、インドだと29の州があって、大きい経済圏が4つあり、日本には12しかない100万人都市が40以上もある。これほど経済圏が分散していると、デリーがよいのか、ムンバイがよいのか、それともバンガロール（ベンガルール）やコルカタに進出したほうがよいのかなど、都市によって状況がまったく異なってくるのだ。そういうさまざまな分析が必要であるという点で、グローバル・マーケティング・リサーチは、国内のリサーチと比べると格段に深い知識が求められる。

2種類のリサーチを繰り返し行う

また、マーケティング・リサーチには2つの考え方がある。一つは、いわゆるフィージビリティスタディ(F/S)。つまり、市場のことが何もわからないので、本当にその市場に参入できるのかの実現可能性を探るためのリサーチである。もう一つは、仮説検証型のリサーチだ。

グローバル・マーケティング・リサーチで言えば、東南アジアという地域に出るとまでは決めたけれども、チャンスはフィリピン、ベトナム、インドネシア、タイなどいろいろな国にある。ただ、経営資源は限られているため、どこかの国に絞る必要があるといったときに、それぞれの課題を見つけ出す調査というのは前者のF/Sのリサーチだ。具体的には、各国の市場規模、1人当たりの国民所得、習慣、自分たちの製品に合った嗜好を持っているかどうかなどの調査を行う。一方、仮説検証型のリサーチとは、ある特定の国向けに試作品を作って、その国の消費者が気に入ってくれるかどうかを探ることである。これら2種類のリサーチはどちらが大切かということではなく、基本的には両方のリサーチを繰り返しながら、それぞれの国の市場への理解を深めていくことになる。

Point 2

市場の絞り込みでも、優先すべきは企業の意思

一つ付け加えておくと、どの地域・国に進出するべきかの判断基準として、「CAGE分析」という手法がある［表2-1（→p.62）］。これは、かつてハーバード大学で最年少の教授になったことでも知られるパンカジ・ゲマワットという学者の唱えたものだ。彼は2国間の隔たり（差異）を、文化的＝Cultural（C）、制度的＝Administrative（A）、地理的＝Geographical（G）、経済的＝Economic（E）の4つの側面で捉えようとする。例えば、文化的差異は、言語、民族、宗教、価値観など、制度的差異は、政治、貨幣、地域貿易ブロックなど、地理的差異は、物理的距離、気候、時差など、経済的差異は、貧富の差、天然資源、人的資源などである。このCAGE分析によれば、地理的に近いところは文化も近いといった考え方で、海外に進出するときは、最初は物理的な距離が近いところに出るということになる。例えば、日本からなら、ラテンアメリカよりは台湾や中国だし、アメリカから進出するならカナダ、ヨーロッパ諸国からであれば近隣ヨーロッパあるいは北アフリカといった具合である。ただし、単に物理的な距離の近さだけで見ると難しい場合もある。ヨーロッパ諸国から見ると、ラテンアメリカは、かつては植民地だったので、地理的には遠いけれども文

化的には近いという見方もできるというわけだ。

また、一般にグローバル社会の中では、画一的に物事が動いていくと考えられているが、ゲマワットは「セミ・グローバリゼーション」という言葉を使ってこれを否定している。グローバリゼーションとは言っても、やはり、国家の垣根は存在するというわけだ。この考え方は正しいと思うし、それをわかりやすく説明した点は評価している。

ただし、この有名なCAGE分析に対して、ちょっと注意すべき点がある。というのも、そのベースに、1960年代から70年代にかけて盛んに言われた環境決定主義のようなところが見られるからだ。つまり、環境が企業の意思決定を大

表 2-1 ★国レベルでの CAGE 分析の枠組み

	文化的な隔たり	制度的な隔たり	地理的な隔たり	経済的な隔たり
国と国のペア（2カ国間）	● 異なる言語 ● 民族の差異、両者に民族的、社会的に設定がない ● 宗教の差異 ● 信頼の欠如 ● 異なる価値観、規範、気質	● 植民地関係がない ● 共通の地域経済ブロックにない ● 共通の貨幣がない ● 政治的な対立	● 地理的な隔たり ● 国境を接していない ● 時差 ● 気候や衛生状態	● 貧富の差 ● 天然、経済、人的資源、インフラ、情報・知識を得る費用や質
国（1国または多国間）	● 閉鎖的思考 ● 伝統主義	● 市場の不在あるいは閉鎖的経済 ● 自国バイアスの度合い ● 国際機関に非加盟 ● 脆弱な制度、汚職	● 陸地に囲まれている ● 国内での移動の難しさ ● 地理的規模 ● 交通、通信網が脆弱	● 経済規模 ● 1人当たりの所得が低いこと

資料：ゲマワット,P.『コークの味は国ごとに違うべきか』文藝春秋、2009年。

きく左右するという考え方をしているのである。一見この考えは正しそうに思えるが、第1章で触れたように、最も大切で優先すべきなのは、企業の意思や理念・考え方だ。マーケティング・リサーチを行った上で、それでも例えば「アフリカは遠くて、リサーチの結果としては難しいけれども、企業の戦略的には出なければいけない」という判断もあり得る。だから、このCAGE分析はあくまでも一つの目安程度に考えておくといいだろう。

Point 3 海外進出では特に異文化理解が重要

花王のグローバル・マーケティング・リサーチでは、ともすると消費者調査のきめ細かさなどの部分に目が行きがちだが、大前提として、政治、経済をはじめとする大きな枠組みで、国や地域の状況をしっかりと把握していることを忘れてはいけない。中でも、強く意識しているのが文化だ。スキンケア事業のマーケティング・リサーチでも、文化環境とボディケアの関係や、日々の生活の中での宗教とスキンケアのかかわりを探ったりしているのはその一例である。

例えばインドネシアの生活と宗教の調査で言えば、イスラム教徒は1日に5回お祈りをする。本当はお祈りをする前に顔、腕、足等決まった部分をきれいに洗わねばならないが、忙しい場合は、口をゆすいで、顔、腕、足などを水につけ簡単に洗うだけで済ませている。これは女性も同じだ。イスラム教の女性も顔に化粧をしている。これをお祈りのたびに洗うとなると、その回数だけスキンケアやメイクといったニーズがあり、それだけビジネスチャンスが大きいということがわかる［図2-2］。このように文化のリサーチをすることで、初めてその国独自のニーズを発見したり、逆に他の国ではうまくいっていた製品・販売手法が通用しないことを知ったりするというケースはよくある。

数値化できない文化を理解する

そもそも海外に出るときに、国の経済や政治制度、技術水準といったものは、ある程度は数値などのデータからもわかるので理解しやすい。しかし、文化となると、なかなか理解し難

図 2-2 ★イスラム教徒の女性の行動例

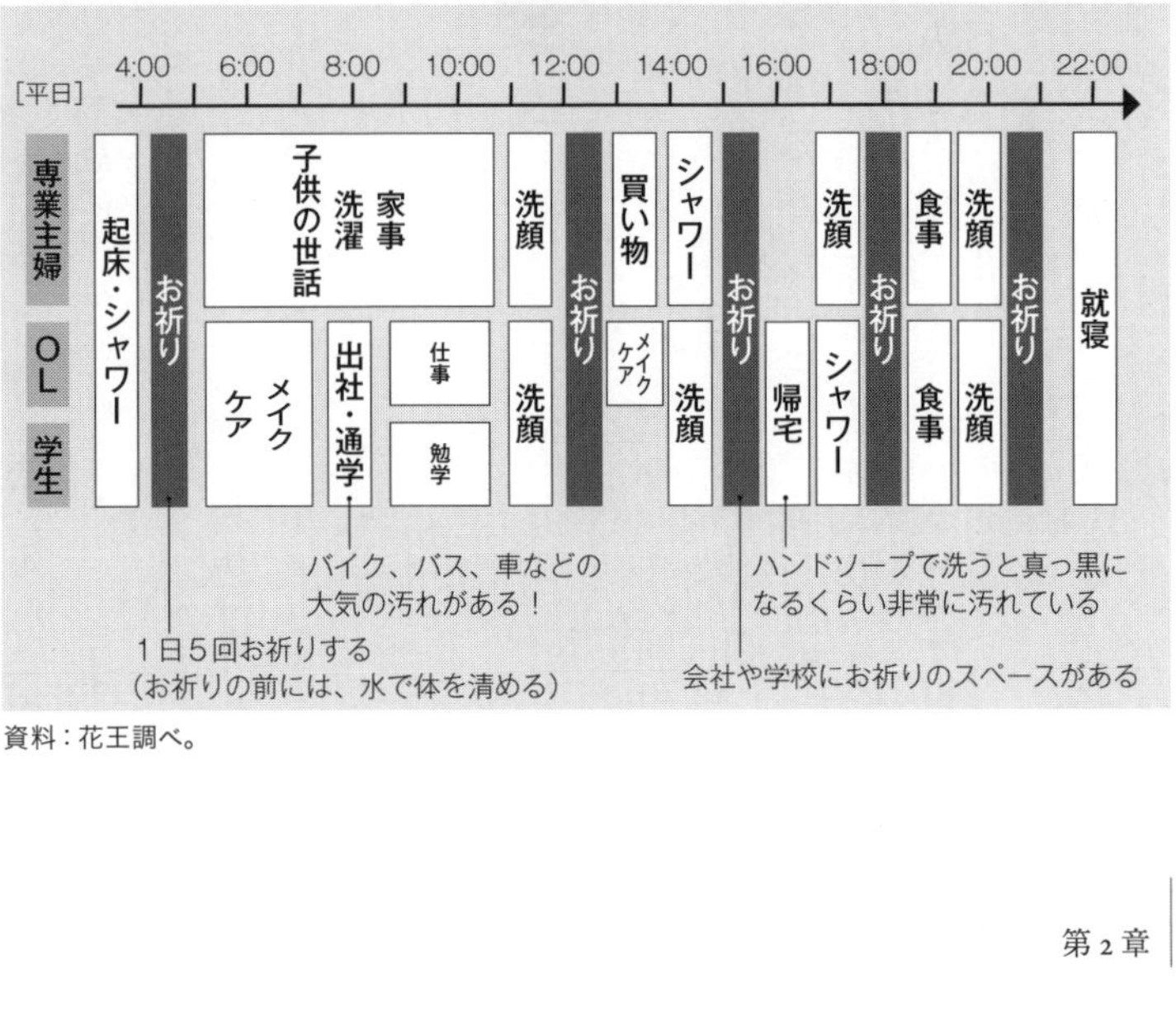

資料：花王調べ。

い部分がある。例えば、文化人類学者のエドワード・ホールは、有名な著書である、『文化を超えて（Beyond Culture）』（ＴＢＳブリタニカ、１９７９年）で文化の違いについて論じている。その内容を見てみると、「世界の文化にはハイ・コンテクスト・ソサエティとロー・コンテクスト・ソサエティがある」と書かれている。コンテクストは脈絡という意味で、日本において、夫婦が阿吽《あうん》の呼吸で「おい、あれ」の言葉だけで何を言っているのかがわかる社会が、ハイ・コンテクスト・ソサエティである。一方、欧米諸国のように異文化を持つ人間が集まっていると、意思を明確に言葉に出さないと通じない。例えば「アイラブユー」と言わないとその思いは伝わらないし、フランクに自分の主張をスパッと言わないと交渉にならない。これがロー・コンテクスト・ソサエティだ。ほかにもヘールト・ホフステードなど多くの学者によっていろいろな文化研究がなされているが、それだけ世界には多様な文化があり、理解するのは容易ではないということだろう。

従ってグローバル・マーケティング・リサーチにおいても、異文化を理解するということは非常に重要だ。特に日本のような単一文化の中でずっとやってきた企業の場合は、なおさら、文化や価値観の違いというところに留意しながらリサーチを進めていかなければならないだろう。

Point 4

流通チャネルの調査も大切

グローバル・マーケティング・リサーチの中では、流通チャネルの調査も非常に大切だ。流通には、規制とか競合などといったいろいろな問題が関係してくることもある。例えば、花王で言えば、日本では化粧品の有力なチャネルとなっているのがドラッグストアだが、中国の化粧品に関する規制はとても厳しくて、ドラッグストアでは化粧品がなかなか取り扱えないこともある。もし中国の規制をよく知らずに、そのまま日本と同じような売り方ができると思っていたら失敗するので、当然こうしたことは必ず進出前に調べておかなければならない。花王ではもちろん規制も含めてチャネルのリサーチをし、どの店のどこにどんな商品を並べるかなど、売り場に至るまで具体的にイメージをしている。

また、海外、とりわけ途上国での流通チャネルの大きな特徴の一つは、量販店やコンビニエンスストアなどに代表される近代的な小売り（モダントレード：MT）では、メーカーのブランド力に応じて、一種の取扱手数料を徴収することである。これは先進国でもリベートといった形でやっていることではあるが、途上国だともっと露骨で、かつ金額も大きい。特にカルフールやウォルマートといった有力な世界的な大手流通会社の場合、まず、その店に商品を置いてもらうだけで数千万円から数億円というエントリーフィーがかかる。次に、シェルフィーという棚料も必要で、こちらは平均でも小売価格の20%程度、ブランド力がないと30%程度必要である。また、ローカルな量販店等の小売りでも、同様の手数料は取っている。そうなると、モダントレードでの販売は、確かに販路としては大きいのだが、実は利益が出ないということが起こってくる。

一方で、途上国では伝統的な小売店（トラディショナルトレード：ＴＴ）が、まだ圧倒的に多いため、きちんと利益を出すためには、このチャネルをしっかりと押さえておかねばならないということになる。これは大変手間のかかることではあるものの、逆に言えば、卸売店・小売店というチャネルを押さえておけば、ライバルの参入を防げるので、競争優位が築けるのだ。こういうことも、あらかじめリサーチして理解しておかないと、途上国でのビジネスはうまくいかないのである。

Point 5

リサーチを商品開発・改良にも生かす

花王は、マーケティング・リサーチを製品づくりにも非常にうまく活用している。一般に調査（リサーチ）と言うと、大きくは量的な側面の「定量調査」と、質的な側面の「定性調査」の2種類に分けられる。もちろん花王でも一般的なアンケートなどの定量調査は、仮説検証の際に実施している。ただ、花王の場合は定性調査、その中でも前述のような一般家庭を訪問しての生活調査（ホームビジット）に代表される「参与観察[★1]（エスノグラフィー）」を非常に重要視している。そしてその成果を製品にも反映させる。ここは花王が特に強みとするところだ。

　花王は国内に生活者研究センターという組織を持っているが、この研究センターが対象としているのは、「消費者」ではなく「生活者」だ。つまり消費者というのは花王の商品を購入している人に限定されるので、もっと広く一般の生活者を研究して、そこから新しい知見を得ようとしており、だからこそ参与観察が大切なのだ。

図 2-3 ★消費者の声を商品に生かす仕組み

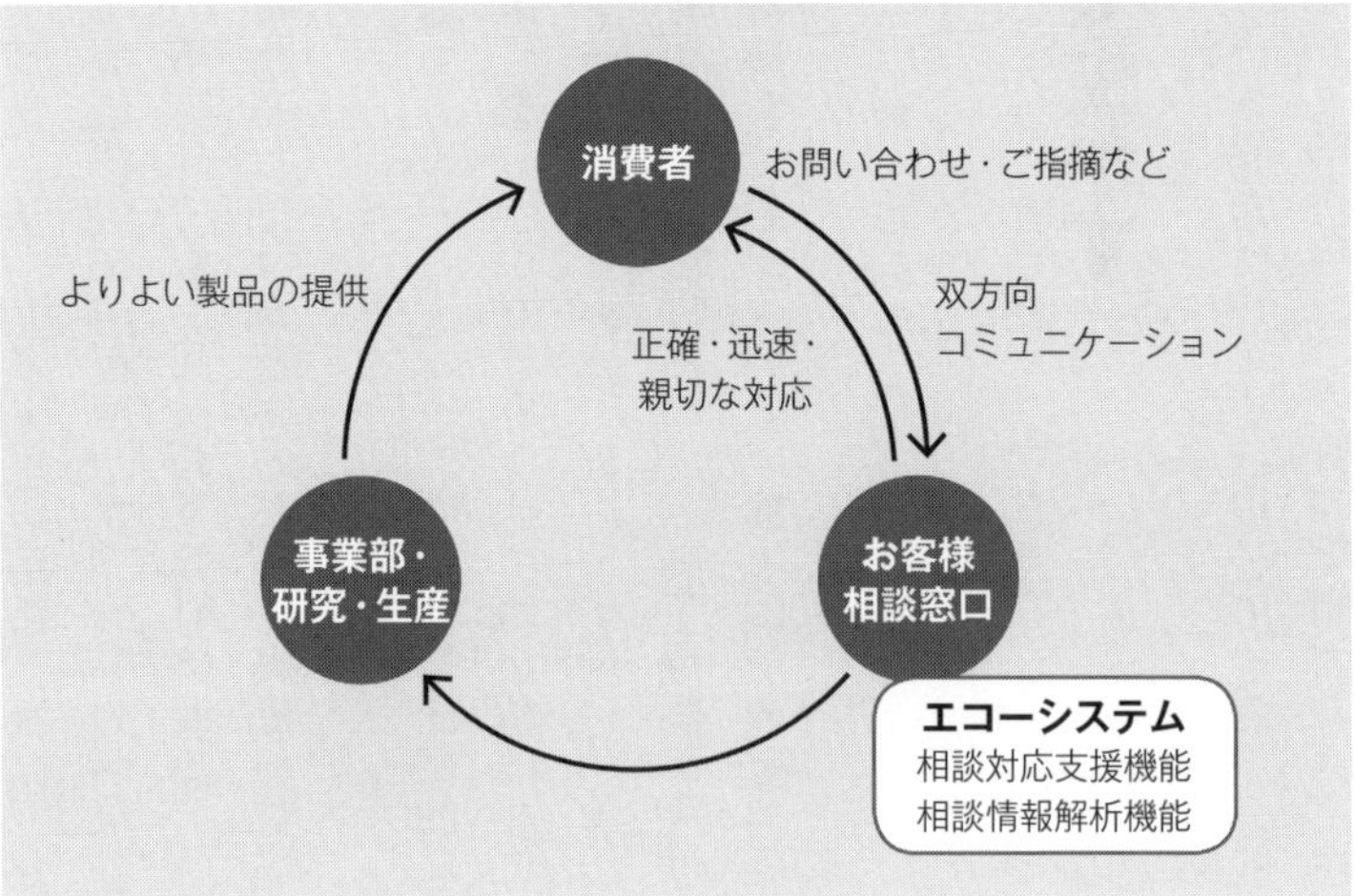

資料：花王ホームページより作成。

さらに花王の場合には、国内に同社の顧客からの声を受け止めるための情報システム〝花王エコーシステム〟というものがある。〝お客様相談窓口〟に電話などで寄せられた意見や要望、クレームを蓄積しておいて、製品の改善や新製品開発に生かす仕組みだ。例えば「ビオレ毛穴すっきりパック」という製品では、このシステムを活用して、最初は平面だったパックの形を、少し山型にしたほうが肌にぴったりくっつきやすいということで、半年くらいのうちに変更した。続いて、男性用も欲しいという声にこたえて、少し大きめのものを開発するなど、これまでに何度も製品の改良を重ねている［図2-3（→p.68）］。

要は顧客の声を聞くのもリサーチの一環であり、花王ではリサーチを1回で終わらせるのではなく、何度も何度も繰り返し行う。それがものづくりでの花王の強さにもつながっているわけだ。これからは、国内と同様に、海外でもリサーチをもとにした製品の開発や改良が増えてくるに違いない。

★1——比較的長期にわたって、研究対象となる社会のメンバーの一員として生活しながら対象の社会を直接観察し、社会生活について記録や分析を行う調査方法。

［まとめ］

日本企業は、マーケティング・リサーチにもっと経営資源の投入を

事例からわかるように、花王は日本企業の中でもマーケティング・リサーチに非常に力を注いでいる。そして、その成果は「よきモノづくり」を標榜する会社らしく、商品づくりにも見事に反映されている。「よきモノづくり」という言葉だけを聞くと、研究開発や生産のイメージが浮かぶが、マーケティングともしっかり結びついているのだ。

一方で、花王は伝統的に研究開発に強みを持っている。本来、モノづくり（製品・技術）とマーケティング・ブランドは車の両輪に当たるが、これまでは製品や技術が重視されてきたという側面は否定できない。そのため世界レベルで見ると、ブランド力という点では、P&G、ユニリーバ、コルゲートなど海外の大手グローバル企業に劣るのも事実だ。花王はほぼ全世界に進出しているものの、北米と欧州では化粧品の一部と産業材の取り扱いが大半である。いわゆる日用品はアジアでの展開が中心だが、アジアにおける展開国の中には、ブランド力がないと、前述のように流通の手数料も高く取られてしまうので不利になってしまうので、花王も何とかブランド力を高めようとしており、そのためにもアジアでも徹底したマー

ケティング・リサーチを実施しているのだ。

しかし、マーケティング・リサーチに力を入れているのは花王だけではなく他のグローバル大手も同様なので、簡単にはブランド力は上がっていかない。特にP＆Gやユニリーバなどは、もともとマーケティングには膨大な予算、人員を投じて、知見、ノウハウを蓄積しており、調査費の額も桁違いである。なおかつ多大な広告投資を行い、チャネルもカチッと押さえてくる。こういうところと競争していくので、花王といえども楽ではないのである。ただ花王の場合、海外売上高比率は２０１５年実績ではまだ36％で、逆に言えば、海外のマーケティングに対して経営資源を本気で投入し始めたのは、比較的最近になってからと言える。今はまさに必死になって取り組んでいる最中だから、これからが正念場だろう。

実は、ブランド力がなくグローバル競争で苦戦するという構図は、何も花王に限った話ではない。どの業界でも、日本企業は同じような悩みを抱えている。これまでどちらかというとモノづくり重視できた日本企業の場合、全般的にマーケティングを軽視しがちだ。マーケティング・リサーチについても必要最低限のことはしているだろうが、海外のグローバル大手と比べると明らかに力の入れ具合は弱く、ブランド力では太刀打ちできないというケースは目立つ。これほど徹底したマーケティング・リサーチをしている花王でさえ、世界レベルではまだまだこれからという面があるのだから、日本企業は全般に、もっと経営資源をマーケティング・リサーチにも投入していくことが急務である。

第2章 Chapter

point

- フィージビリティスタディと仮説検証を繰り返して市場を理解する
- 市場の絞り込みでも優先すべきは企業の意思
- 日本はもっとマーケティング・リサーチに経営資源を投入すべし

第3章 参入市場の決定
どこで何を売るか

Chapter

キーワード

STP
ポートフォリオ
成長ドライバー
セグメンテーション
SEC
現地化
ハイマーの理論

マーケティング・リサーチを行ったら、「誰に、何を、どこで、どのように」売っていくのかを具体的に決めていかなければならない。本章では「参入市場」をどのように決めていくのかを、ハウス食品の事例を取り上げて解説していく。

はじめに

マーケティング・リサーチを行ったら、いよいよ参入市場を決定することになる。前章でも触れたようにリサーチに基づいて、世界の中で先進国・途上国などいろいろな分け方をしながら考えて、自社が進出する地域について、最終的には誰をターゲットに何をどう売っていくのかを決めていかなければならない。そこで重要になるのが、専門用語で言えば「STP」。すなわち、市場細分化(Segmentation)、対象市場設定(Targeting)、ポジショニング(Positioning)である。

市場細分化は、例えば、地域、年齢、性別、所得などによって、市場全体を小さなセグメントに分けることである。さらに、そのセグメントのどこを対象にするか、言い換えれば「誰に、何を、どのように」の「誰に」に当たる部分、いわゆるターゲットを決めるのが、対象市場設定である。もう一つのポジショニングは、「自分の座るべきポジション(位置)を得る」戦略で、もっとわかりやすく言えば、他社や他社製品と比較して自社や自社製品にどのような違い(特長)があるのかを定めることである。STPの基本は、国内のマーケティングと同じだが、グローバルならではの注意点もいくつかある。

本章では、ハウス食品の事例を取り上げながら、参入市場=どこで何を売るかを、どうやって決定していくのかについて解説していく。

ケース 4

ハウス食品の事例

STPを国ごとに柔軟に変化させて運用

ハウス食品は、
日本のカレーを世界に広めることをミッションとして海外に進出しているが、
事例からもわかるように、進出している国によってその行動は大きく異なっている。
例えば、1983 年に米国で参入したのは豆腐市場であった。
STPの段階で、国によって考え方を柔軟に変えているのだ。

1 アメリカでは豆腐事業を展開

カレーでおなじみのハウス食品は、1913年に浦上商店として創業。1926年には即席カレーの製造・販売を開始した。現在はハウス食品グループとして、香辛・調味加工食品事業、健康食品事業、海外食品事業、外食事業、その他食品関連事業の大きく5つのポートフォリオ[★1]で事業を展開している。その中でもコア事業となっているのは、「バーモントカレー」などに代表される香辛・調味加工食品事業で、かたや、これからの成長ドライバー[★2]として期待されているのが海外食品事業だ。

海外展開は1983年の米国で、意外と思うかもしれないが豆腐市場への参入からスタートしており、特に2012年からの第4次中期計画で加速した。これまで米国（豆腐事業）、中国（カレー事業）、東南アジア（加工食品事業）、およびレストラン事業を手がけており、2020年に向けた第6次中期計画では、これら3エリアと4事業に経営資源を集中投下し、成長戦略を推進していこうとしている。同社の国際事業で目指す姿は、「食を通じて、家庭の幸せに役立つ→ハウスが育んできた食のおいしさを世界に広げる」というものである。

3エリアのうち、最も歴史があり大きな柱になっているのがアメリカの豆腐事業だ。これは1983年に、ロサンゼルスにあった豆腐の町工場とハウス食品が、互いに50%ずつ出資する形でスタートした。もともと同社は、日本でもパウダー状の大豆とにがりから自分で豆腐を作る「ほんとうふ」という商品を手がけていた。しかし、中小企業を守る「分野調整法」により、中小企業の多い日本の豆腐分野では、大々的な進出はできなかった。そこで、アメリカで豆腐事業を展開することにしたのである。実際に事業はその後も順調に伸びており、1993年には100%子会社化した。今ではアメリカでの豆腐のトップメーカーとなっている。アメリカではヘルシーフードとして豆腐の価値が高まっており、今後も有望な分野と言える。

ニーズに合わせて多くのアイテムを展開

ただし、アメリカの豆腐のニーズは、日本とはかなり異なる。とにかく、食べ方、調理法が違う。例えば、一般的な調理法は、硬い豆腐をステーキのように角切りにして野菜等と炒めるとか、果物等と合わせてミキサーにかけてスムージー風にするといった具合だ。日本にはない多様な調理法に対応させるため、わざわざ7種類もの硬さの豆腐を発売している。ま

★1—多数の商品や事業を展開している企業が、戦略的観点から企業のリソースをどのように配分すれば適切なのかを決定するための経営判断手法のこと。
★2—企業が成長していく上での推進力のこと。

た、ダイエットフードとして、しらたきにも着目し、豆腐としらたきを混ぜた「豆腐しらたき」等の関連商品も発売。こちらも好調に推移している［図3-1］。

なお、国内での主力事業であるカレーについては、アメリカでは主に業務用でレストランに供給している。もっとも、アメリカをはじめ、中国、台湾、韓国でレストラン事業を展開しており、日本とほとんど変わらない調理・味でカレーを提供している。バーモントカレーはアジアンスーパーなどには置いてあるが、一般のアメリカ人は米飯を食べる習慣がないこともあり、アメリカの一般家庭に浸透するところまではいっていない。現時点では、レストランで日本のカレーを食べてもらい、まずは味を知ってもらって将来の売り上げにつなげようという戦略である。

図3-1★アメリカで販売されている「豆腐しらたき」

資料：ハウス食品より提供。

2 中国ではカレーライス「人民食化」を目指す

もう一つの海外事業の柱が中国でのカレー事業だ。中国では1997年に上海のレストランでの展開からスタートし、レトルトカレーの発売等を経て、2005年に即席カレー市場に参入した。

ハウス食品ではマーケティング・リサーチ等を踏まえて、中国で押さえておくべき点を、多民族・多文化国家、複雑な法制度、各業界の激しい競争、パワフルな小売企業、中間層急増、意外と高いコストと判断した。特にターゲットとしては、2020年に1億3000万世帯に達すると予測される、日米を上回る中間層およびそれ以上の層を設定した。また、一番強い製品で勝負するとの考え方から、バーモントカレー（百夢多カレー）を投入。製品の本質は変えずに、現地嗜好にカスタマイズして、ルゥは色を黄色っぽくし、味覚には八角を加えた［図3-2（→p.80）］。そしてわかりやすい目標として掲げたのが、「カレーライスを人民食に」である。

まずは子供をカレーのファンに

そのために、例えば家庭内への浸透を目指し、試食イベントなどの街頭販促活動、小学校での料理教室と工場見学、あるいは子供やアニメを使ってのテレビやその他の広告展開などを行っている。さまざまな活動を通じて、まず子供をターゲットにして、バーモントカレーのファンにするという戦略である。同時に業務用にも力を入れており、目標に向けて着実に事業を拡大させている。

さらに近年、アメリカ・中国に次ぐ柱の創設を目指して、東南アジアにも進出した。東南アジアでは現地ニーズに合った事業から立ち上げるというスタンスを取り、２０１１年にはタイの機能性飲料市場に「Ｃ-ｖｉｔｔｔ」で参入したのに続き、翌２０１２年には「Ｐｕｒｉｎ　Ｍｉｘ」「Ｓｈｅｒｂｉｃ」などの家庭用デザートでベトナム市場にも参入。今後もインドネシアなどでの新たな展開を視野に入れている。

図 3-2★中国で展開している日本式カレー

資料：ハウス食品より提供。

［ケース解説――ここが重要］

Point 1

セグメンテーションの数字だけを見ると、市場を見誤る

ハウス食品は、日本のカレーを世界に広めることをミッションとして海外に進出している。そのこだわりは強いのだが、最初から無理にカレーだけで勝負しようとはしていない。事例からもわかるように、進出している国によってその行動は大きく異なっている。これはSTPの段階で、国によって考え方を柔軟に変えているからだ。

市場細分化（セグメンテーション）を考えるとき、日本のように中間層が厚くて1億総中流的なところはあまり所得格差を気にしなくてもいいが、海外ではそうはいかない。特に途上国や新興国では、上は超富裕層から、下は1日1ドルくらいで生活をしている人まで、極端な貧富の格差が存在する。そこでよくマーケティング・リサーチで使われるのが、SEC★3と呼ばれる社会階層分類だ［表3-1（→p.82）］。

これは一般には所得でABCDEくらいに階層を分け、さらにAの1・2とかBの1・2・

★3――Socio Economic Classificationの略。

3、Cの1・2・3というふうに細分化するのだが、この分類をきちんと捉えて、その中のどこをターゲットにするかというのは極めて重要な問題である。ちなみに、日本企業が主に対象にするのは、一般的にはBの1・2くらいまでで、C・Dはいわゆるボトム BOP市場、Eはマーケットとしてはほとんど成り立たない層だ。

ただし、この分類を表面的に見ただけではわからないのが、都市部と農村部の違いである。相対的にはアジアでは農村に貧しい人が多く、ラテンアメリカでは貧しい人は都市のスラムにたくさんいるといった傾向があるが、よくよく観察してみると、アジアの農村でも、現金収入は確か

表 3-1 ★インドにおける社会階層分類（SEC）表

	非識字者	識字者だが正式な教育は4年以下（小卒相当）	正式な教育を5-9年受けた（中卒相当）	高校卒	大学中退	一般の大学卒・大学院卒	専門的な大学卒・大学院卒
非熟練労働者	E2	E2	E1	D	D	D	D
熟練労働者	E2	E1	D	C	C	B2	B2
小規模個人商	E2	D	D	C	C	B2	B2
商店主	D	D	C	B2	B1	A2	A2
商・工業経営者（従業員数）							
従業員なし	D	C	B2	B1	A2	A2	A1
従業員 1-9 人	C	B2	B2	B1	A2	A1	A1
従業員 10 人以上	B1	B1	A2	A2	A1	A1	A1
自営業・専門業	D	D	D	B2	B1	A2	A1
事務員・販売員	D	D	D	C	B2	B1	B1
スーパーバイザークラス	D	D	C	C	B2	B1	A2
中間管理職	C	C	C	B2	B1	A2	A2
上級管理職	B1	B1	B1	B1	A2	A1	A1

資料：The Market Research Society of Indea より作成。

に低いが、自家農園をやっていたり、住居は親から譲り受けていたりして、意外に生活が豊かというケースも珍しくない。従って、マーケットやターゲットを選ぶ場合、都市部と農村部における分類には注意が必要だ。

表面の数字だけで判断しない

また、海外では階層が幅広いのと同時に、日本とは文化や習慣が違うので、日本国内では考えられないようなことまで想定しておかなければならない。例えば、途上国で貧しい人たちの調査をすると、どこでも一番ほしい電化製品は携帯電話である。スマートフォンならPCの代わりにもなり、ビジネスにも使えるので、これは断トツの人気だ。では、インドやインドネシアのような暑い国で2番目にほしいものは何だろうか。冷蔵庫やエアコン、扇風機などと日本人は想像しがちだが、実はテレビが2番目である。娯楽を求めているのだ。途上国の貧しい人たちは、食べ物は入手したその日にすぐ食べてしまうため、冷蔵庫の必要性をあまり感じないのだ。また、途上国における洗濯機の売れ筋は、日本と違って二槽式となっている。途上国で洗濯機を買うような中流以上の家庭は、どこでも必ずお手伝いさんを雇っている。すると、その家の主婦が自分で洗濯するわけではないので、一槽式よりも手間はかかっても、安価な二槽式のほうがいいわけだ。だから、しっかりとマーケティング・リサーチをした上で、こういう日本との違いも理解しておかないと、セグメンテーションは失敗してしまう。単に数字だけを見ると、市場を見誤ってしまうことも少なくないのである。ハウス食品の場合、表面的な数字だけでなく、市場の細かいところまでつぶさに見ているから、アメリカで手がけている豆腐事業も、日本とは全く違う戦略を取っている。例えばバーベキューが大好きな国民性に合わせて、四角に切って金網の上に置いても焼けるような硬い豆腐を売り出しているのである。

Point 2 対象市場設定では絞り込みも大切

ハウス食品では、アメリカなら豆腐、中国はバーモントカレー、タイはC-vitt、ベトナムはデザートというふうに、国ごとに主力製品を変え、かつラインアップも絞り込んでいる。

そもそも海外に進出するときに、自社商品のラインアップすべてを販売することはできない。全商品を販売するとなると、一つのブランドに対する投資額が小さくなり、結局利益が生まれにくくなるからである。これは例えば前章で紹介した花王の海外での展開においてもまったく同じで、日本で持っている製品のうち、限られた一部を出しているに過ぎない。そうなると、当然、ターゲットも限定的になってくるので、対象市場の設定に際しては、最初の絞り込みが非常に大切になる。

もし選び方を間違えると、まったく的外れなところに一生懸命売ることになり、失敗してしまうので、ここは慎重にならざるを得ない。また、万一ターゲットの選定を誤ったと思ったら、できるだけ早く撤退して、別のターゲットを狙うという姿勢も求められる。

Point 3 ポジショニングは絶えず変化させる

STPの最後のP、ポジショニングについて言うと、海外、特にアジアなどは市場の変化のスピードが非常に速いので、それに対応させていかねばならない。先進国だとライバルメーカーやライバル製品の動きも、ある程度定常的にゆっくりと進むのに対して、アジアなどでは急速に変動する。例えば、中国のスマートフォン市場でシャオミ（小米科技）のような会社がパッと出てきて、あっという間に市場を席巻し、あっという間に凋落するとか、フィリピンでジョリビーというファストフード店がすごい勢いで伸びて米国、香港、ベトナムなどに海外進出もしているとか、あるいは同じくインドネシアでは、アルファマートとインドマレットという2つのローカルのコンビニエンスストアが、それぞれ1万店舗以上を持つほど力をつけてきているというふうに、ほんのわずかな期間で急激な環境の変化が起こる。

するとあるポジショニングを占めるようになって安心していると、翌日にはもうそこにライバルが出現したり、流通規制が変わったりして、これまでと同じ売り方ができなくなるということも十分あり得るのだ。

従って、これはSTPの全部に共通することだが、グローバル・マーケティングにおいては、市場を何か定まったものと捉えるのではなく、戦略を常に変化させていくことが最も重要である。STPにおいても、経営学で言う創発戦略が不可欠だ。つまり、ある戦略を立ててやってはみるものの、現状とのズレがいろいろ出てきたときには、常に元の戦略に修正を加えて新たな戦略を考え出していかねばならない。あとは、そういうふうに絶えず変化させる部分と、自社のこだわりで変化させない部分との間でどうバランスを取るかである。

あきらめずにこだわりを持つ

ハウス食品も中国では、子会社化する前の壱番屋（カレーハウスCoCo壱番屋）と提携し、業務用から入って商品の反応を見ながら事業を展開していたが、実はなかなか家庭には入り込めなかった。だが、常務執行役員の野村孝志が中国に張り付き、それまでにないさまざまな試みを新たに取り入れた。事例にもあるように、学校などを活用して子供をターゲットにし、子供の口から「バーモントカレーが食べたい」と親に言わせて、そこから広げていくという作戦で家庭への浸透を図っていった。

野村は現地にいて自身で戦略を次々とスピーディに変える決断をしていたものの、根本的なところでは本社と意思を共有しており、あくまで「カレーを人民食に」というミッションの実現を目指していた。普通に考えれば、中華料理の本場の中国では、わざわざ日本のカレーライスを食べなくても、おいしい家庭料理も山ほどあるはずだ。だが、そこであえて「カレーを人民食に」と掲げるところが、ハウス食品ならではのこだわりである。もちろん、これは容易なチャレンジではなく、いろいろな苦難を伴うであろう。

しかし、考えてみれば、こだわりを持ってやっていくと、いろいろな壁にぶち当たるけれども、そこであきらめずに解決策を考えていくうちに、創発戦略のようにブレイクスルーが生まれることはある。ハウス食品も、大人の反応があまり良くなかったので、子供をターゲットにしてはどうかといったアイデアが生まれてきたわけだ。やはり、こだわりを持つことも重要だと言えるだろう。

Point 4 「現地化」万能の思い込みを捨て、状況に応じたポジショニングを

ハウス食品の海外展開では、基本的に商品の味はほとんど変えていない。中国でも、中国人は八角という香辛料を好むので、八角の味を少し加えているのと、色も日本より黄色っぽ

いカレーが現地に受けるということで、少し黄色みを強くしている程度である。基本的にはバーモントカレーで、まずアジアを攻めるという戦略を取っている。バーモントカレーの味はどちらかというと甘いが、少なくとも現状は、最近進出しているインドネシアでも、あえて現地のカレーに近い味に変えるといったことはしていない。

これは、そのほうが特異なポジションを得られると判断しているからだ。逆に、スパイスを効かせて現地に近い味にしたとすると、既存のローカルの商品と変わらないと思われてしまうかもしれないと考え、このような戦略をとっている。

日本のマスコミは、何かというと「現地化」を称賛し、現地化すれば成功するかのように考えているフシがあるが、それは本当だろうか。まず、現地化にはお金がかかるということを理解しておかねばならない。個々の市場に合わせて製品開発や広告などのマーケティングを現地化することにはお金がかかる。それに、その地域のことは現地の人のほうがよほどよく知っているわけだから、ローカルとの競争になったら単純に考えれば負けてしまう。これは多国籍企業理論として、有名なハイマーの理論などでも指摘されている。つまり、外資系企業は言葉も違うし、文化も知らないし、政府との政治的関係もない。その不利を上回る何かを持っていないと、他の国では成功できないというわけである。

現に、私たちが日本にいて日本ならではのものを食べるなら、普通は日本人がつくったもののほうがよいと思うはずだ。わざわざアメリカ人がつくったみそを食べたいとか、フランス人がつくった日本酒を飲みたいとはあまり思わないだろう。例えば、「ワインならフランスのものがいい」というイメージがあることからもわかるように、何でも現地化すればいいというわけではない。おそらく日本の経営者やマスコミなどは、現地化は現地の人を尊重しているからよいことで、逆に自分たちのやり方を通すのは現地にそれを押しつけることになって悪いことだと考えているのかもしれない。しかし、これはある種の思い込みだろう。もっとも、マーケティング・リサーチに基づきながら、文化はもちろん、競合や流通等の状況も含めてターゲットを決め、国によって出す商品も味も柔軟に変えていくという姿勢が大切である。

それでも筆者はグローバル・マーケティング戦略の基本は標準化にあるものと考えている。標準化する戦略は母国のものばかりに限らない。海外で成功した戦略を世界的に展開することもあるだろう。そのようなベストプラクティスをできるだけ他国でも適応しようとすることが自然であり、うまくいけば収益も大きい。

しかしながら現実には、CAGE分析に見られるように、文化・制度・地理・経済などの点で隔たりがあるので、単純な標準化が成功することはほとんどない。そこで次に柔軟な現地化が求められるのである。

［まとめ］

国・地域ごとに対応を変えて行動する

このSTPについては、まさに前章で紹介したマーケティング・リサーチとリンクさせながら行っていくことになる。ただ、グローバル・マーケティングの場合は、国・地域によって階層も文化も多様で、環境も常に変化していく。そこに柔軟に対応しなければいけないし、なおかつ自分たちの思い入れやポリシーもきちんと守るべきである。そうでないと、何か困難にぶち当たったときに乗り越えられないからである。

しかし、企業がこの姿勢を貫徹するのは、「言うは易く行うは難し」である。ハウス食品は、日本のカレーを世界に広めるというミッションにこだわる一方で、STPを国によって大きく変え、手がける商品も変えながら独自の海外展開をしている。ハウス食品の場合、いろいろな技術やシーズを持っており、カレー以外にも、例えば「ウコンの力」「C1000」といった飲料のグローバルブランドもある。そういう中で、今は世界各国で、自分たちにとって最も有利なものを選んで進出しているという段階だ。ベーシックにはとにかくバーモントカレーを世界的に展開したいというのが片方でありながら、例えばタイではカレーがうまくいかなければ、Ｃ１０００を展開すればよいのではないか、というような柔軟性を持っているわけだ。そこが創発戦略であり、重要なポイントである。しかし、「いつかはタイでもバーモントカレーを」という夢も、決して捨ててはいない。

ハウス食品は非常に面白い会社で、ＳＴＰに基づいてグローバル・マーケティングを成功させている一例として、参考になるだろう。

第3章 Chapter

point

- セグメンテーションの数字だけを見ると市場を見誤る
- 対象市場設定では絞り込みも大切
- ポジショニングは絶えず柔軟に変化させる

第4章 市場に足がかりを得る参入手法の決定

Chapter

キーワード

M&A
グリーンフィールドインベストメント
コングロマリット企業
ポートフォリオ
STP
PMI
ダイバーシティ経営

海外市場へ参入する方法も、輸出や技術供与、現地生産に至るまで、いろいろなケースが考えられる。本章では「M&A」について、フランスを本拠地とするLVMHと、日本電産の事例を取り上げて解説していく。

はじめに

いよいよ海外市場に参入するときには、どういう参入の仕方をするのかを考えなければならない。メーカーを前提に考えると、一般的には、まず商社を通した間接輸出からはじめ、自分たちで貿易実務を行う輸出に携わるようになる。そこで消費者ニーズがわかってくると、次にはライセンシングでの技術供与や、委託生産などの形で、できるだけリスクを減らしながら取引を行う。そして、ある程度市場規模が大きくなってきたら、新たに工場をつくって進出することになる。この新工場建設を、緑の野原に新たにつくるということで、グリーンフィールドインベストメントと呼ぶ。

グリーンフィールドインベストメントでは、新たな生産が出てくるので、全体の市場が拡大しているときは有効な戦略である。ところが、市場がもはや停滞しているときにはそうはいかない。例えば、今で言えば液晶テレビの市場は、カラーテレビや車が普及し始めたころのように、ぐんぐん伸びているわけではない。もはや、スマートフォン市場もそうなりつつある。すると、新たなグリーンフィールドインベストメントでは、過剰生産になってしまう。そこでM＆A[★1]で既存のパイを取りに行くというやり方も有力になるわけである。

このような参入手法の全体像を押さえた上で、では自社はどうするかを判断することになるが、これから世界全体で大きく市場が広がっていく産業というのは、かなり限られてくると思われる。そこで本章では特にM＆Aについて、2社の事例をもとに解説していく。

★1―企業の合併や買収の総称。Mergers and Acquisitionsの略。

ケース 5

LVMH の事例

顧客を絞り、多様なブランドのアイデンティティを生かして差別化

フランスを本拠地とするLVMHは、ルイ・ヴィトンやクリスチャン・ディオールなど、さまざまな高級ブランドを保有する企業である。

M&Aを繰り返し行いながらも、自らのブランドの伝統を守り続ける。

同社の成功の秘訣とは。

1　5つの事業分野でM&Aを繰り返し、多くの高級ブランドを保有

ＬＶＭＨ（モエ　ヘネシー　ルイ　ヴィトン、正式名称：LVMH MOËT HENNESSY-LOUIS VUITTON S.A.）はフランスを本拠地とし、ルイ・ヴィトン、クリスチャン・ディオールなど数多くの高級ブランドを保有するコングロマリット企業である。[★2] 会長兼最高経営責任者（ＣＥＯ）を務めるベルナール・アルノーは、もともと父親の営んでいた建築会社で社長になったところから、経営の世界に入った。その後、米国に渡り数年間は富裕層を対象にした不動産業を営んでいたが、１９８４年には、クリスチャン・ディオールを傘下に持つブサック・サンフレールを買収して、いきなりファッションビジネスに参入。無名経営者だったアルノーの名も一躍、フランス経済界に知れ渡ることになった。ちなみにブサック・サンフレールは、当時経営危機で国営企業となっていて、ディオールのブランドも衰退していた。やがてアルノーは、世界的に評価の高いイタリア人デザイナーのジャンフランコ・フェレをクリエイティブ・ディレクターとして招き、ブランドの伝統を尊重しながらデザインを刷新するなどして、ディオールの立て直しを成功させた。

ディオールの買収後、事業の主体をファッションに切り替えたアルノーは、１９８７年に

は、バッグなど革製品を強化して、ディオールとの相乗効果を高めるために、セリーヌのブランドを買収した。また、１９８７年から８８年にかけては、ジバンシィの香水部門と衣料部門をＭ＆Ａで手中に収めている。

同じころ、大きな転機が訪れた。１９８７年に高級バッグなどでおなじみのルイ・ヴィトンとドン・ペリニヨンなどのお酒で知られるモエ・ヘネシーの両社が合併してＬＶＭＨが誕生したのだが、両社の経営陣が対立する中で、外部投資家としてアルノーがＬＶＭＨの43％の株式を保有することになった。最終的に１９８９年には株を買い増して、アルノーがＬＶＭＨのＣＥＯに就任したのである。

その後も次々とブランド買収を続けてきたＬＶＭＨは、ディオール以後のＭ＆Ａでも、ブランドの伝統は守りつつ、若手を中心に才能あるデザイナーを起用してデザインを刷新するといったやり方を中心に各ブランドを再生。現在ではファッション＆レザーグッズ、ウォッチ＆ジュエリー（時計・宝飾）、パフューム＆コスメティックス（香水・化粧品）、ワイン＆スピリッツ（酒類）、セレクティブ・リテーリング（小売り）の5部門で、それぞれに数々の著名ブランドを有する巨大ブランド企業集団となり、成長を続けている［図4-1・2（→p.98）］。

★2―業務内容において直接の関係を持たない複数の企業が統合してできた複合企業体のこと。

図 4-1 ★ LVMH の売上高の構成(2014 年)

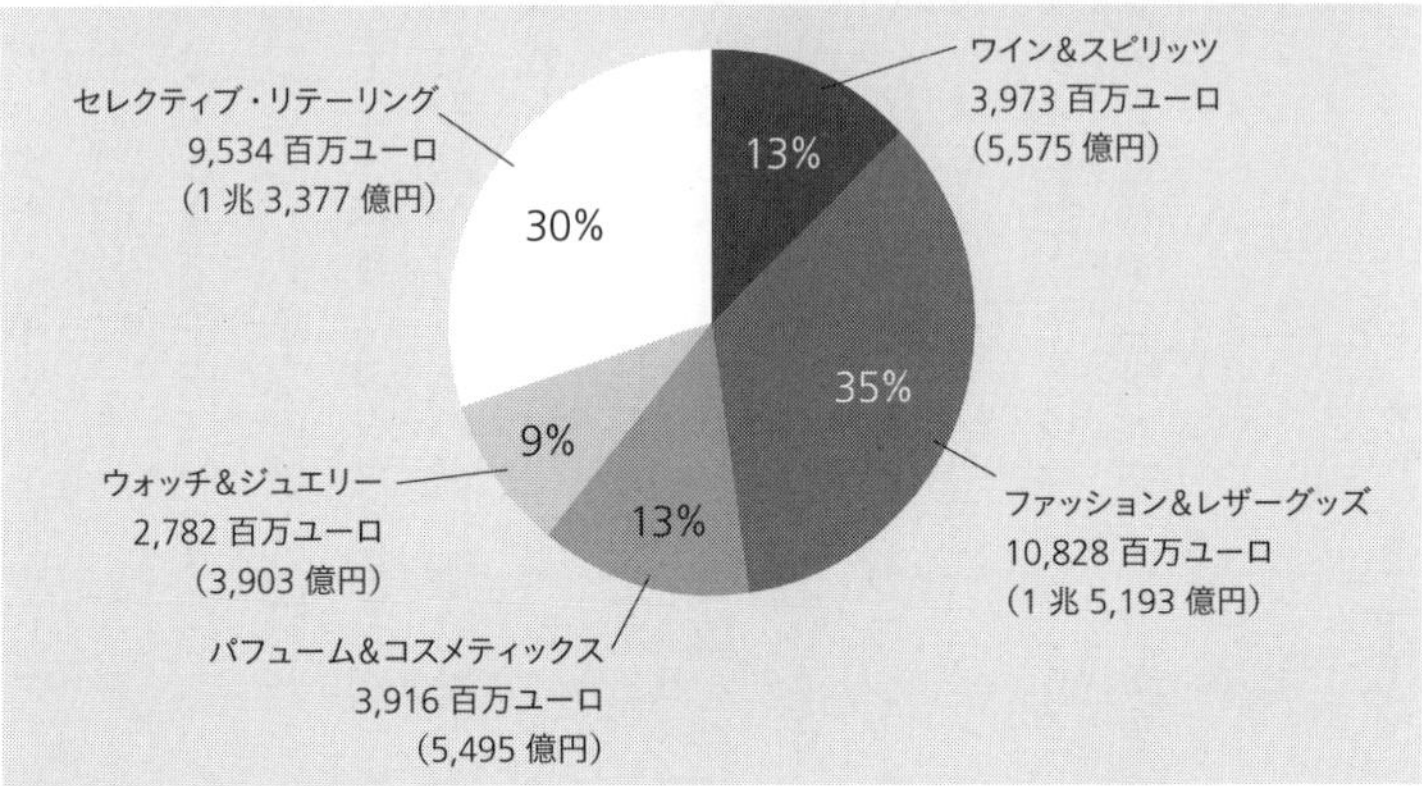

資料:LVMH ホームページより作成。

図 4-2 ★ LVMH の売上高の実績(2010-2014 年)

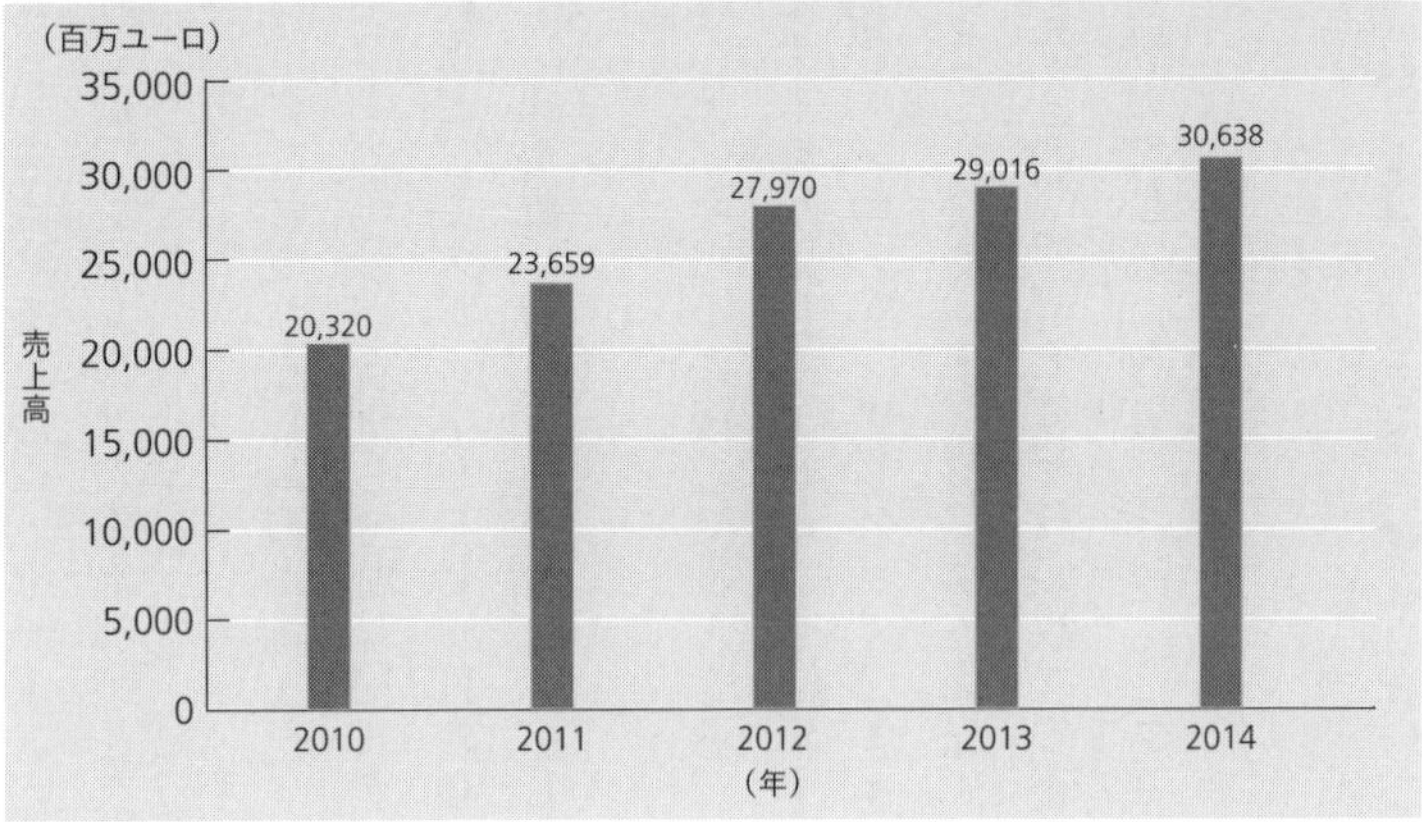

資料:LVMH ホームページより作成。

［ケース解説――**ここが重要**］

Point 1

M&Aの目的は大きく4つ（生産設備・販路・ブランド・技術）

M&Aにはさまざまな目的があるが、大きくは次の4つが挙げられる。

まず、生産設備を自社のものにして、規模を拡大する。例えばビール会社が同じビール会社を買うというふうに、同業が同業を買収するケースだ。

2つ目は販路の買収。販路の構築には、非常に時間がかかる。A社がB社の持っている販路が魅力的だと思ったとき、自社で同じような販路を構築しようとすると時間もコストもかかる。そこでB社を買収してその販路を手に入れてしまおうという形で、これはM&Aの中でもかなり多いパターンである。

3つ目がブランドの買収だ。1980年代から盛んに行われてきたが、近年で言えば中国企業あるいはインド企業などが先進国の企業を買収している大きな目的が、このブランド買収だ。もともと安く生産する能力を持っているけれども、ブランド力がない。そこで非常に強いブランドを買収して市場に参入しようというわけである。自動車や電機産業など、さまざまな業種でこういう動きが起こっている。

そして4つ目が、新しい技術を得る買収だ。シリコンバレーのＩＴ企業等で今もよく行われている。例えば、シリコンバレーなどでは、独自の面白い技術を持つベンチャーが次々と出てくるので、アップルやグーグルといったグローバル企業は、最初のうちは提携して一緒に事業に取り組むが、やがてその技術にかかわる人材・ノウハウ等

表 4-1 ★ LVMH ブランド一覧（2016 年 12 月現在）

<table>
<tr><td rowspan="2">ワイン&
スピリッツ
事業</td><td rowspan="2">● シャンパン
ドン ペリニヨン
クリュッグ
モエ・エ・シャンドン
ヴーヴ・クリコ
ルイナール
● ラグジュアリースピリッツ
ヘネシー コニャック
グレンモーレンジィ
アードベック
ベルヴェデール ウォッカ
● 高級ワイン
シャトー・ディケム
シャンドン
クラウディー・ベイ
ニュートン</td><td>パフューム&
コスメティック
ス事業</td><td>パルファン・クリスチャン・ディオール
ゲラン
パルファム ジバンシイ
ケンゾー パルファム
メイクアップフォーエバー</td></tr>
<tr><td>ウォッチ&
ジュエリー
事業</td><td>タグ・ホイヤー
ゼニス
ウブロ
クリスチャン ディオール ウォッチ
ショーメ
フレッド
デビアス
クリスチャン ディオール ジュエリー
ブルガリ</td></tr>
<tr><td>ファッション&
レザーグッズ
事業</td><td>ルイ・ヴィトン
ロエベ
セリーヌ
ジバンシィ
ケンゾー
フェンディ
ベルルッティ
エミリオ・プッチ
ダナ・キャラン
マーク・ジェイコブス
クリスチャン ディオール
ロロ・ピアーナ</td><td>セレクティブ・
リテーリング
事業</td><td>ディーエフエス
ル・ボン・マルシェ
セフォラ
マイアミ・クルーズライン・サービス
サマリテーヌ</td></tr>
</table>

資料：LVMH ホームページより作成。

を買収して完全に手に入れてしまい、外に出さないようにするわけである。

ここで取り上げたLVMHは、3つ目のブランドを買うパターンで、もともとは建築不動産業だったが、いわゆるラグジュアリーブランドを買収することにより、新分野に進出していき、成功した企業と言える。M&Aを繰り返してきたことで、現在では同じラグジュアリーブランドとはいえ、5つの異なる事業分野がある［表4-1（→p.100）］。また、ヨーロッパ、アメリカ、日本、アジアと全世界で事業展開をしていることも含めて、うまく事業と地域のポートフォリオを組んでリスク分散をしており、多少の環境変化があっても、会社として大きな変動を受けないようにしている［図4-3］。

図 4-3 ★ LVMH の地域別売り上げ（2014 年）

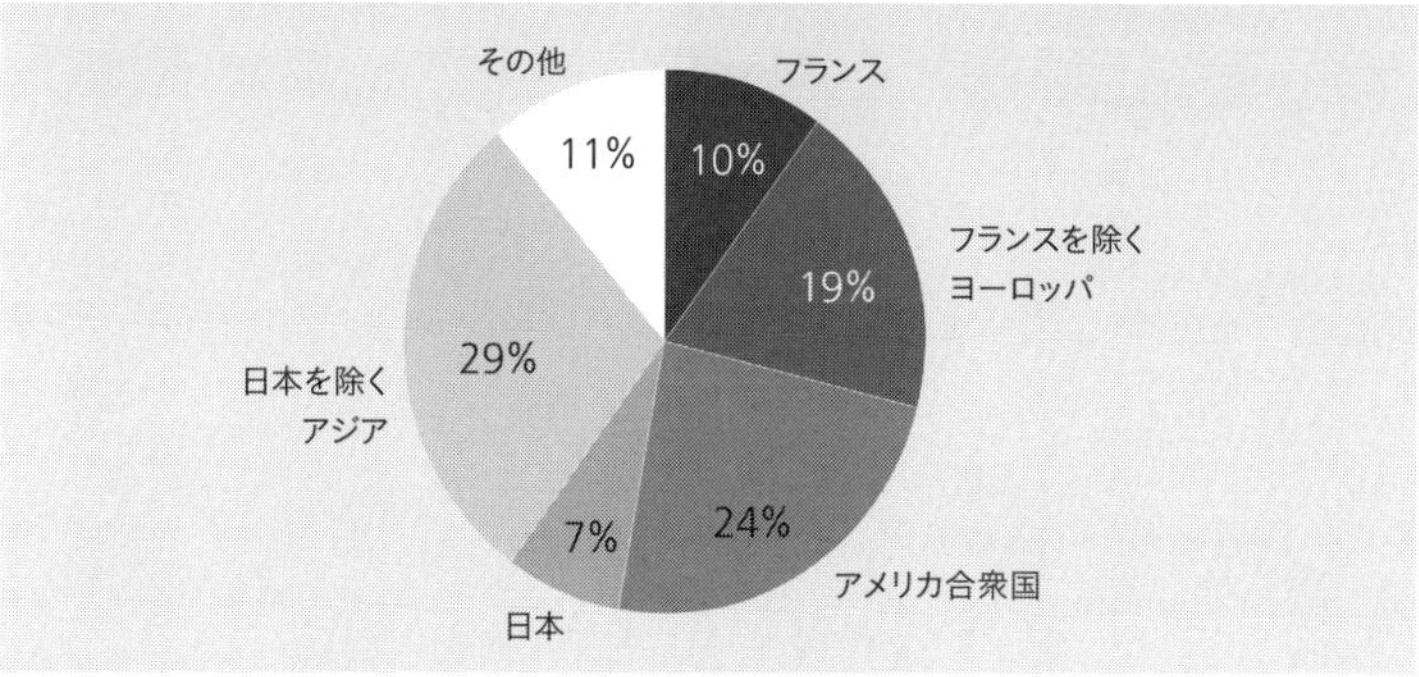

資料：LVMH ホームページより作成。

Point 2

顧客は誰かを明確にして参入手法を決める

ＬＶＭＨは、いろいろなブランドを買収しているが、ＳＴＰのターゲットで言えば、富裕層を相手にするというところに知見があり、その富裕層が好むラグジュアリーブランドを取得していくという方針は徹底している。

一般の人からすれば、ラグジュアリーブランドとして有名な数々のブランドの母体がＬＶＭＨという一つの企業であるというのは驚きかもしれない。通常のビジネスの観点から言っても、これだけ多くの、業態が異なる世界のさまざまな企業をＭ＆Ａして、全部を見るというのは非常に難しいはずだ。

ところが、ＬＶＭＨのようなラグジュアリーブランドビジネスというのは、一般のビジネスとはかなり性格が異なる。同じ富裕層をターゲットにするブランドでも、ルイ・ヴィトンが好きな人もいれば、グッチやシャネルが好きな人もいて、それぞれターゲットが分散している。おそらく同じようなブランド好きのお金持ちが１００人いても、その好みはおそらく20くらいには分かれるという特殊な世界なのだ。こういうラグジュアリーブランドの顧客は、自分の嗜好に合ったブランドの世界観や個性の中で、限られたものを持っているということで満足感を得ているので、そのブランドをどういう会社が運営しているかなどにはまったく関心がない。ラグジュアリーブランドの側から言えば、そういう特殊なお金持ちをターゲットに、ニッチなビジネスを展開しているということになる。

他のブランドとの差別化が重要

従って、このビジネスでは、他のラグジュアリーブランドとどう違うかという差別化が決定的に重要で、これができないと埋没してしまう。逆に顧客の嗜好をしっかりと理解して、それにフィットするものを提供できれば、市場自体は小さいけれども成功するのである。

ＬＶＭＨの場合、アルノーの不動産ビジネスで得た経験も活用し、自分たちのビジネスの特性を踏まえて、顧客はどういう層なのかというターゲットを明確にし、それに沿った参入方式を取っているという点でＭ＆Ａの一つのお手本と言える。

このようなラグジュアリーブランドのビジネスの世界では、本章の冒頭で触れたようなグリーンフィールドインベストメントで、まったく何もないところから新規のブランドを立ち上げようとしても、そのブランドの世界観やアイデンティティを理解して受け入れてもらうまでに膨大な時間がかかるので、なかなかビジネスにはならない。ブランドビジネス全体で考えても、中国などに富裕層が増えつつあるとはいえ、急速に右肩上がりに伸びているわけではない。それならば、歴史や知名度がある既存のブランドを買収して、そこについている顧客を手に入れるのが理にかなっているということで、M&Aを実施して市場拡大を目指しているのだ。

Point 3 買収後の統合（PMI）と立て直しが重要

参入方式としてのM&Aには、2つの重要なポイントがある。単にM&Aをするというだけなら、誰にでもできる。お金さえあればいい。目的は買収することではなく、前述した4つのどれか、あるいはその2つ以上を組み合わせて相乗効果を生み企業価値を高めていくことなので、それを実現させなければ意味がない。

そのためには、まず買収後に、異なる組織文化や技術・人材等をどう統合していくか。専門用語で言えばPMI（Post Merger Integration）が第一のポイントになる。また、このPMIにも当然関連するが、買収した組織は、業績が停滞したり悪化したりしている場合も多いので、いかにそれを立て直すことができるかが第二のポイントだ。

LVMHの場合は、PMIについてはブランドの特殊性があるので、それぞれに有能な経営者を引っ張ってきて、完全に独立した形で任せる。いわゆる連邦経営である。そして、ラグジュアリーブランドであるという大きな方針は共通しているものの、他のブランドとはそれぞれ差別化する。例えばケンゾーのブランドならケンゾーという形での特徴を出すというやり方である。だから、全体としての統合は必要ないわけだ。

立て直すときも、限られた特定の顧客に強く支持されているラグジュアリーブランドならではの手法を取る。買収先のブランドが停滞しているとすれば、デザイン、店舗、サービス等、どこに問題があるのかを点検し、もともとのブランドが持つ個性や伝統を生かしながらも、コストをかけて斬新な風を取り入れ、その強化を図るというのがアルノー流の再生方法だ。例えばデザインに問題があってブランドが停滞しているとすれば、高額の報酬を用意して、有能でかつブランドの特性を理解するデザイナーを起用してデザインを変え、ブランドアイデンティティをあらためて明確にする。一時的に停滞していても、買収するのはもともと伝統のある名前の通ったブランドなので、デザインが良くなるなど、問題点が改善されれば、再び伸ばしていくことができるという考え方である。

ラグジュアリーブランドは、お金に糸目をつけない富裕層が買うのだから、そこにターゲットを絞り込んで、その層の満足感を得るようなものを作り上げればいいということを、富裕層への不動ビジネスなどの経験を通してアルノーは知っており、それがＬＶＭＨのＭ＆Ａ成功の大きな要因になったと言える。Ｍ＆Ａの後の統合や立て直しにおいても、顧客をしっかりと意識した対応が重要なのである。

ケース 6

日本電産の事例

技術力はあるが経営の悪化している会社をM&Aで再生し、相乗効果を出す

1973 年にモーターメーカーとして始まった日本電産。
その後、著しい成長を遂げ、世界をリードする総合的なモーターメーカーとなった。
国内と海外で、合計 48 社もの企業とM＆Aを推し進めた
日本電産の企業買収の理念を追う。

1 企業成長の原動力としてM&Aを積極的に実施

日本電産は、カリスマ経営者として名高い現会長兼社長の永守重信が、1973年にモーターのメーカーとして仲間わずか4人で創業した企業である。その後、大きく成長を遂げ、現在では、ハードディスク（HDD）用をはじめとする精密小型モーターをはじめ、車載、家電・商業・産業用など幅広い分野のモーターおよびその応用製品、ソリューションなどを手がけ、世界をリードする総合モーターメーカーとなっている。また、2014年度の連結決算では、初めて売上高が1兆円を突破（1兆283億8500万円）。2015年度はさらに業績を伸ばし売上高1兆1782億9000万円を記録している［図4-4（→p.109）］。

ここまでの日本電産の歩みの中でも、特筆すべきは積極的なM&A戦略である。日本電産ではM&Aを企業成長の原動力と捉え、まだM&Aが一般的ではなかった1980年代からこの手法を活用。これまでに国内・海外各24社の計48社を買収してきた（2016年11月時点）。狙いは既存事業の強化の場合もあれば、新規事業への進出の場合もあるが、いずれにしても技術を持つ会社を買収するというスタンスは一貫している。また、多数の候補案件の中から、永守が常に自身の判断でM&Aを決定してきた。

徹底的なコスト削減と意識改革

特に初期の国内企業中心のM＆Aでは、対象の大半は、技術力はあるが経営の悪化している企業だった。そこに永守自身が個人筆頭株主となり、かつ代表取締役会長に就任する。人員削減はしないが、徹底してコスト削減と意識改革を図って再生していった。例えば、部屋の蛍光灯等で必要のないものはまず外した。そして、残った蛍光灯それぞれに全部ひもを下げ、管理責任者の名前を書いた紙を付けておいた。昼休み等に電気を消していなかったらその人の責任としたのだ。購買などでは社員に1円から稟議書を書かせ、それに対して永守が「死力を尽くしたのか」といったコメントを付けて返し、さらなるコスト削減を促すといった具合である。

そうした改革の結果、例えば買収した子会社の業績が好転して、過去最高益を更新すると、社名

図 4-4 ★過去 10 年の売上高の推移

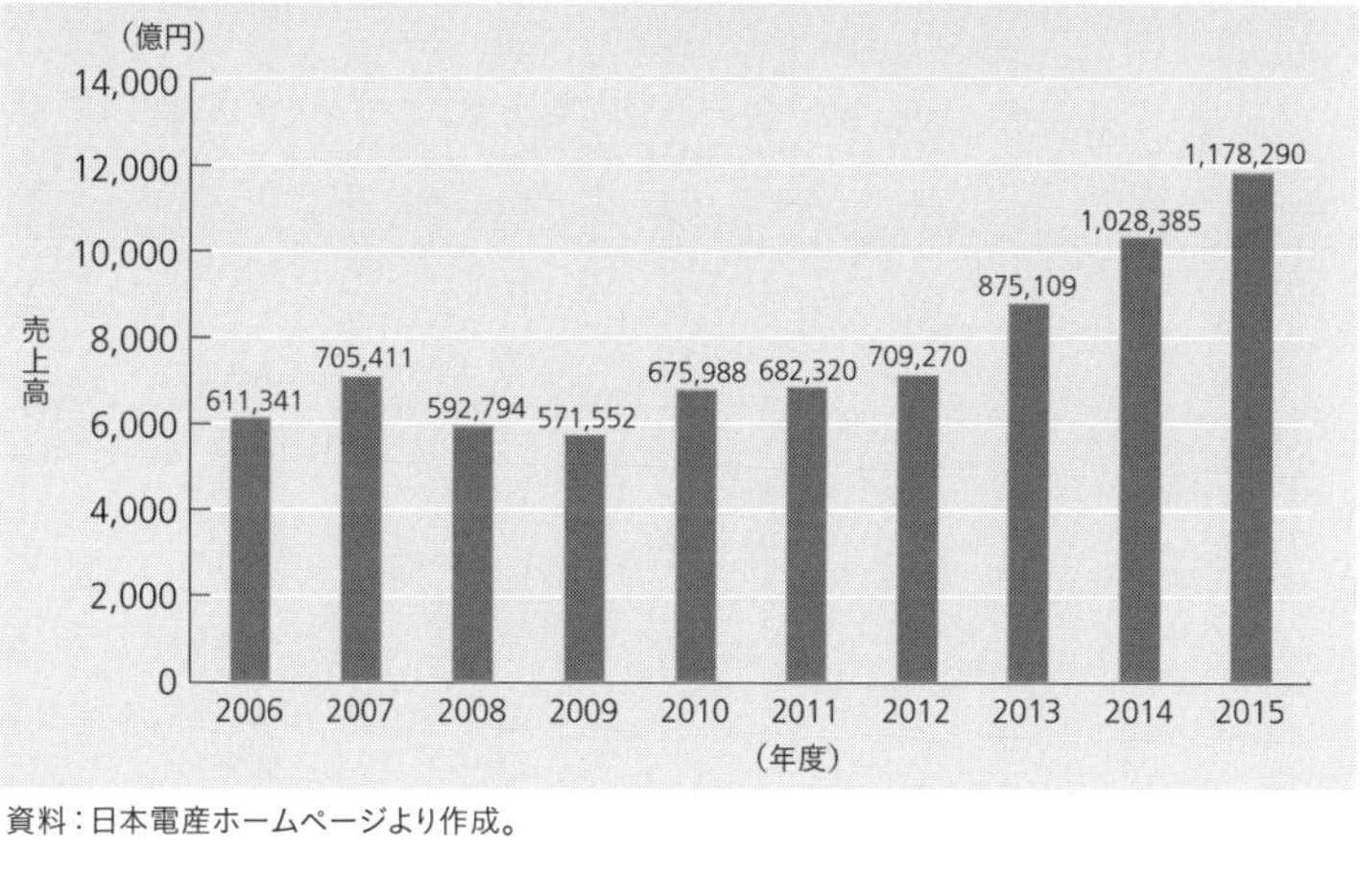

資料：日本電産ホームページより作成。

の頭に日本電産を加え、「日本電産〇〇」という新社名に変えるなど、グループの一体化にも永守が率先して取り組んでいった。

一方、近年の海外中心のM＆Aでは、永守自身がその会社に乗り込むといったかつての方法は取っていない。ただ、永守自身が買収の判断をするという点は変わっていないし、M＆Aが日本電産の成長戦略の一翼を担うという考え方も不変である。日本電産では、2015年4月には、2020年度売上高2兆円の達成を掲げる中期戦略目標「Vision 2020」を策定しているが、その中でも、特に重要2事業と位置づける車載、家電・産業・商業関連の市場への進出のための技術、商品、商流の獲得などを狙いとして、M＆Aは不可欠としている。そして今後も、自律的な成長とM＆Aとの相乗効果により、精密小型モーターメーカーから超大型モーターに至るフルラインでのモーターの「世界ナンバーワン」企業を目指していこうとしている。

【ケース解説──ここが重要】

Point 1

PMIでは意識改革を促し、徹底したコスト削減で再生

日本電産のM&Aでの狙いは、基本的には技術力の強化である。事業はあくまでもモーター関連ということで一貫しているものの、同じモーターでも、ハードディスクのモーターから出発して、車載モーター、ファクトリーモーター等々いろいろな分野に事業を広げてきているので、各分野の技術はかなり異なる。そこで、新規分野に進出するときには、現在の自分たちには何が足りないのかを考え、自分たちで一から始めていたのでは間に合わないと判断したら、その欠けている技術を持つ会社を買収するのだ。

ただし、基本的には、良い技術は持っているけれども、経営能力に問題があって停滞しているとか、本業とは関係のない不動産ビジネスに手を出して赤字になっているといった、いろんな事情で苦労している企業を選んでいる。そういう中で、先ほどのPMIの話で言うと、買収先の企業の技術を取り込みながら統合し、立て直しをして、相乗効果を生み出していかなければならない。

日本電産流の立て直し術

永守のＰＭＩのやり方は、まず自分がその会社に乗り込んで行く。経営者が本当にダメな場合は自分が社長になって陣頭指揮を執るが、いずれにしても従業員の削減は一切しない。社長以下全従業員を全部残したままということもある。ただし、今までのやり方ではダメだということで意識改革を促し、永守流の立て直し策を浸透させることによって統合を図っていく。基本は業績が悪化している会社であるため、まず徹底してコスト削減をする。できる限りのことをしてコストを削減し、従業員にも給料をしっかり払えるようになって体力がつきだすと、今度は技術導入をして新製品開発などにも取り組んでグループの相乗効果を出していく。ちなみに、これは日産自動車の立て直しでのカルロス・ゴーンのやり方と、まったく同じである。

近年の海外企業のＭ＆ＡにおけるＰＭＩについては、永守自身が前面に出るという形ではなくなっているが、永守イズムを浸透させ、Ｍ＆Ａ企業を統合するという基本的な考え方は変わっていない。２０１５年1月には永守の経営理念を「Nidec Way」としてまとめてグループ内で発表。その後、各グループ企業の声も聞いて若干の手直しを加えながら、全世界に浸透させることで、グループ内の一体化を図っている。

Point 2

世界中にアンテナを張り、高値づかみはしない

日本企業のM&Aの場合、これまで競合でコンペになったときなどは、ずっと追いかけて、結局高値づかみをするケースも珍しくない。例えば、電通が英国広告代理店のイージスを約4000億円で買収したときには、内部からもそれは高すぎるのではないかといった声が上がった。また、サントリーが米国の蒸留酒最大手のビームを約1兆6500億円で買収したのも、売上高や利益から考えれば完全に高値と言える。もちろん、それぞれの企業の戦略もあるし、特に酒類業界の場合は、世界で生き残っていくためには仕方のない面があることはよくわかるが、それにしても永守流なら、もっと安ければともかく、その値段なら買わないと言うに違いない。慎重で基本的には高値では買わないというのが、日本電産のM&Aなのだ。

高値での買収にならない最大の理由は、永守自身が日ごろから世界中に目配りをしているからだ。日本電産が実際に買収した海外の企業を見ると、ドイツ、イタリア、ブラジル、ルーマニアというふうに先進国から新興国、途上国まで幅広い。サムスングループが全世界に数百人のコンサルタントを配置して、例えばよい技術はあるけれども株価の低い会社とか、

会社に不満を持っている優秀な技術者などの調査をして、企業買収や人材スカウトに役立てているように、永守も世界中に独自のネットワークを持ち、M＆Aのアンテナを張り巡らせているのである。

そういうグローバルネットワークが確立されたこともあってか、最近の日本電産のM＆Aは、単に技術を買うというよりも、グローバルな生産拠点の最適化を図ろうとしているように映る。コストが安いところや人材が豊富でハイエンドの製品を作れるところ、あるいはシリコンバレーのように情報が集まるところなどに、生産拠点や研究開発拠点を設ける。さらに、買収した企業はそれぞれ販路を持っているので、それらを世界中にクモの巣状に張り巡らせて、販売ルートを再構築する。すると世界的な生産拠点と販売ネットワークを得ることになるので、そうなれば、ＩＴ、家電、ファクトリー、車載、場合によっては宇宙等々、どの分野でも勝負ができるというわけだ。

これまでほぼ国内中心でやってきて、ダイバーシティ経営[★3]に慣れていない日本企業にとっては、ある意味、これから見習っていくべきM＆Aの参入方法と言える。

Point 3

M&Aの専門チームをつくり、しっかりと事前調査を

日本電産のM＆Aの場合、永守という素晴らしい経営者が自分で見ている部分も大きいが、いかに優秀なトップとはいえ、一人ですべてを見ることは不可能だ。やはり、ある程度大きな会社になれば、M＆Aを検討するときには、きちんとしたM＆Aの専属チームをつくらねばならない。最終的にはもちろん取締役が決定するが、その前に買収先企業の資産評価（デュー・デリジェンス）がきちんとできるような法律や会計等の専門家が必要である。特に海外企業のM＆Aの場合は、交渉にタフで、海外経験もあり語学も堪能なメンバーを集めて、事前調査の段階から入念に準備を進めておく必要がある。

この準備が不十分だと、せっかく海外企業を買収しても、例えば買収した海外子会社が不正会計の発覚で経営破綻したというような失敗を招きかねない。

それに、海外には日本とは異なる規制もある。例えば、M＆Aというと100％すべての株を買収してというイメージを抱きがちだが、国や業種によってはさまざまな外資参入の

★3――労働者の多様性を尊重し、適切な労働環境を企業が提供することで生じる相乗効果を、組織の成果につなげる経営のこと。

規制がある。M&Aで参入したくても、場合によってはマジョリティ（過半数）が取れずに、25%とか49%といった少数株主の権利しかないということもあり得る。規制以外にも、海外のM&Aには、独特のリスクもある。アメリカの企業を買収した場合に、労働組合が非常に強いので、基本的には労働者をそのまま雇用しなければいけないというのは、その一例である。

海外のM&Aでは、そういうこともすべてよく知った上で、さまざまな観点から総合的にメリット・デメリットを勘案して、それでも参入するのかどうかを決断しなければならない。それだけに、専属チームをつくって、慎重かつ綿密に事前の調査や準備をしていくことが不可欠なのである。

【まとめ】

異文化の組織を一つにまとめあげる

近年は日本の企業でも、大型案件を含めて海外企業のM&Aが盛んに行われるようになってきた。ただし、先にも触れたような高値づかみの失敗もあるし、全般的にはとてもうまくいっているとは言えない状況である。

特に日本企業が苦労しているのは、買った後のPMIと立て直しだ。技術も組織も人も異なる企業を統合するというのは国内のM&Aでも容易ではないが、海外となるとなおさらハードルが上がる。例えば、買った後に、その企業の経営者に任せてしまうほうがよいのか、永守流で自分たちのアイデンティティで染め切ったほうがよいのかというところで、どっちつかずになっている面もあるようだ。仮に自社流に染めるとしても、ドイツの企業とインドの企業とでは組織文化も全然違うので、これまで異文化の人や組織を一つにまとめていくような経験をしたことがない日本の経営者には非常に難しいのである。

本章で取り上げたLVMHと日本電産の2社は、このPMIと立て直しをやり切ってM&Aを成功させている企業として、参考にしてもらいたい。

第4章 Chapter

point

- M&Aの目的は生産設備・販路・ブランド・技術の4つ
- 買収後の統合（PMI）と立て直しが重要
- M&Aの専門チームをつくってしっかり事前調査を

販売ルートの確保、流通チャネルの開拓

第5章
Chapter

キーワード

チャネル戦略
M&A
ポートフォリオ
STP
B to B
B to C
トラディショナルトレード
モダントレード

海外市場に参入したら、販路をどう開拓していくのかが最大の課題となる。本章ではダイキン工業とフマキラーの2社の事例を参考に、チャネルをどのように確保していけばよいのか、といった点に注目していく。

はじめに

海外市場に初めて参入する企業にとって、最大の課題と言えるのが、販売ルートの確保、すなわちチャネルの構築である。製品については、国内市場で競争力のあるものをそのまま海外に導入するのが一般的であるため、あまり気にしなくても済むが、グローバル・マーケティングで販路をどうするのかというのは非常に悩ましい問題である。現に『中小企業白書２０１４』でも、「輸出を成功させるために企業が最重要視する課題」として、「販売先の確保」がダントツの１位になっているほどである。

海外に出始めたころは、当然企業ブランドや製品ブランドの知名度もなく、誰もその製品を知らないので、いくら品質がよくても伝わらない。まずは製品を消費者に手に取ってもらい、使ってもらわなければ何も始まらないのだ。そのためには、実際に製品が店頭に並ぶように、チャネルを確保する必要がある。

本章では２社の事例を見ながら、このチャネル戦略について解説していく。

ケース 7

ダイキン工業の事例

国ごとにターゲットに合わせ、チャネル戦略も変えて進出

主力の空調事業で、
家庭用品から業務用品まで幅広い商品を武器に、
2010 年度に売上高世界一を達成したダイキン工業。
その独自の販売網をどのように構築していったのか。

1 中国では自前の専売店「プロショップ」を開発

1924年、合資会社大阪金属工業所として創立されて以来の歴史を有するダイキン工業（以下、ダイキン）。現在の事業分野は、空調・化学・そのほかに分かれるが、特に主力の空調は家庭用品から業務用品まで幅広い商品群を持ち、2010年度には空調売上高世界一を達成。2015年度には売上高が2兆円を超え（2兆437億円）、グローバルな総合空調メーカーとして確固たる地位を築いている。

同社の海外売上高比率は2015年度で約75・4%と高く、米国（約23・7%）を筆頭に、中国（約17・1%）、欧州（約13・5%）、アジア・オセアニア（約14・9%）とバランスよく展開している［図5-1（→p.123）］。続いて、中国、インド、米国でのチャネル戦略を見ていく。

ダイキンが合弁会社を設立して初めて中国市場に参入したのは、1995年のことである。当時、中国市場では現地企業と日系企業が市場を席巻しており、300万台超のエアコンが販売されていた。流通では国営の空調卸が支配しており、価格競争が激しく、また多くの企業が売掛金債権回収に頭を痛めている状況であった。

こうした中、最後発で中国市場に参入したダイキンは、業務用の製品・チャネルから展開し、2004年以降、独自の販売ルート「プロショップ」を開発していった。これは家電店などを専売店化して、ゼロからつくり上げたものである。プロショップは高級マンションなどの高～中級住宅のユーザーに、マルチエアコン（室外機一つで複数の室内機を稼働させるもの）の販売・据え付け・サービスを一貫して提供する販売網だ。家を買うユーザーに直接営業するケースと、内装業者・設計士などに営業活動を行い、そこからダイキン製品を推薦してもらうケースの、2種類の営業方式がある。★1

プロショップでは、売掛金債権回収の悩みを解消するために、現金決済あるいは前払い制度を徹底した。そのために、プロショップのオーナーに対しては、経営指導や販促ノウハウの提供、人材育成、同行

図 5-1 ★地域別売上高の推移（2015 年度）

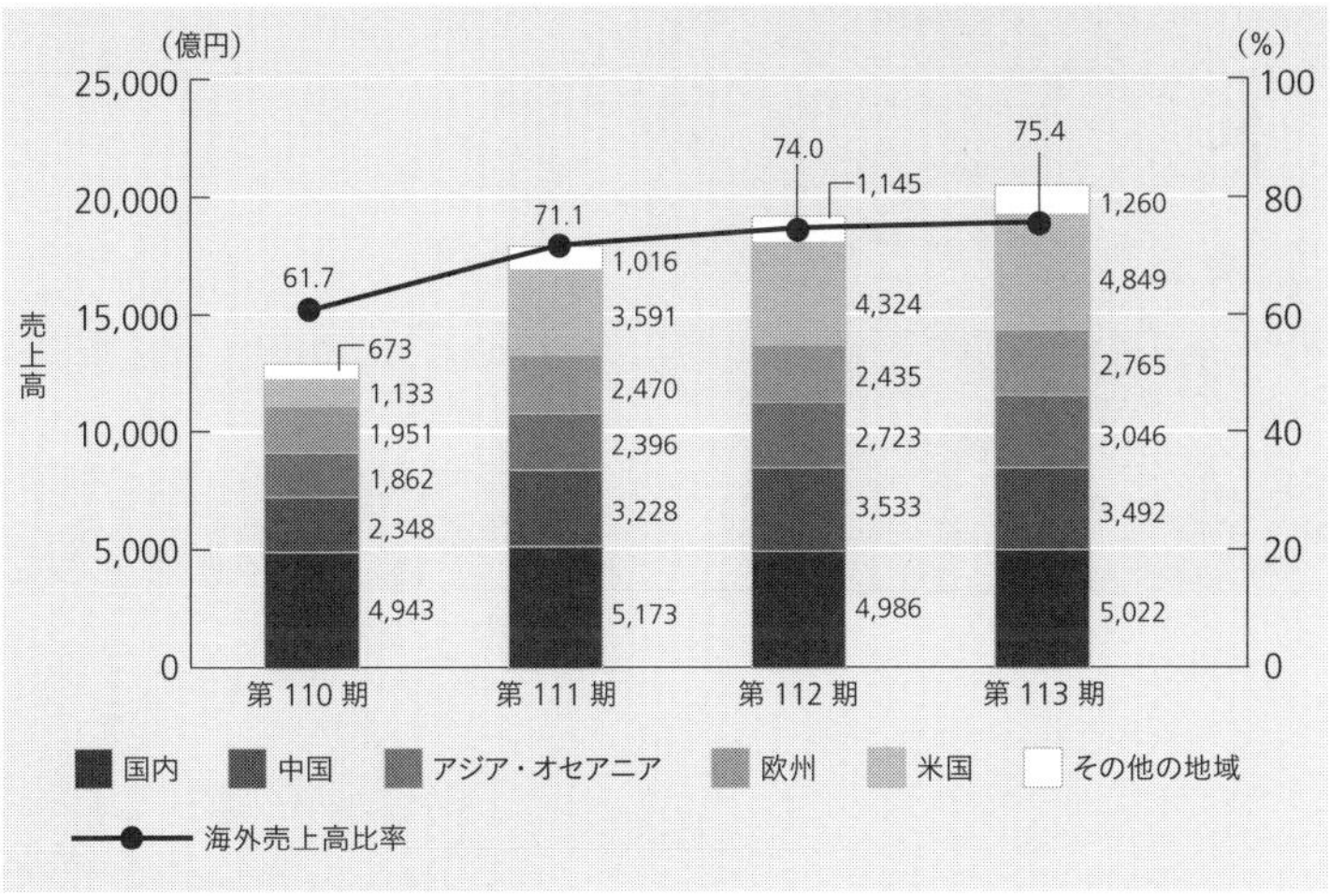

資料：「113 期ダイキン Review」より作成。

セールス、設計・工事サポートなどの手厚いサービスを提供していった。そのほか、年に数百回ものセミナーを開催して顧客や内装業者・設計士などに直接ダイキンの製品・サービスの素晴らしさを講義したり、ショールームやテレビ広告などでダイキンの認知度およびイメージの向上を図ったりした。こうして最終的に中国全土に2500店（2015年度末時点）の直売型販売網を築き上げたのである［図5-2］。

現在、ダイキンはこの強力な販売網を核に、中国市場では「エアコンのベンツ」という高いブランドイメージの確立を目指し、大きな成果を収めている。また、プロショップ

図5-2★独自の販売ルート開発

キャンペーンの様子

プロショップ

資料：ダイキンより提供。

以外にもターゲットおよび製品別に、ルームエアコン（室外機と室内機が1対1のシングルエアコン）は街の家電店、店舗・オフィス・ホテル・病院は特約店、地下鉄やスタジアム等の大型建築工事は設備代理店とチャネルを使い分けて、中国市場で空調事業を順調に拡大させている。

2 インドではディーラー網を拡充し、ルームエアコンを販売

ダイキンは、インド市場には2000年に進出していたが、特に、2010年からは5カ年計画「FUSION15」（対象年度2010〜2015年度）に沿って、同国内のいわゆるボリュームゾーン（中所得者層）市場に本格的に参入を開始した。

チャネル戦略では、ディーラー網を拡充させた。当初は設備店および空調店が販路の中心であったが、2012年以降、家電店にも力を入れ始めた。人口500万人以上の都市（7都市）、人口100万人以上の都市（69都市）、人口50万人以上の都市（87都市、都市数はいずれも2013年11月現在）のそれぞれでディーラー網を確立させていった。競合企業の多くは地

★1—中国では何も設備が入っていない骨格だけの部屋（スケルトン）を買ったユーザーが、購入後にさまざまな設備を入れるのが普通である。

域量販店や全国量販店経由の販売比率が20〜30%であったが、ダイキンは量販店販売をほとんどせず（全国量販店1社のみ）、設備店・空調店・家電店のディーラー網を整備して販売することにこだわった。その後、地域量販店（2014年以降）や全国量販店（2015年以降）経由の販売も始めてはいるものの、「低価格での販売はしない」という基本方針は堅持しており、価格競争に巻き込まれないチャネル戦略を指向している。

ブランド・コミュニケーション戦略としては、若干のテレビ広告も行っているが、「ソリューション・プラザ」と呼ばれるショールームや展示場、屋外広告、住宅地でのPR、タクシーのラッピング広告など、地上戦に力を入れている。ダイキンは基本的に「技術・品質で勝負」という考え方であり、数年前までマーケティングという専門部署もなかったが、実際には精巧なチャネル戦略と地道なコミュニケーションを行っている。

こうしたチャネル戦略とそれに伴うコミュニケーション戦略により、ダイキンのインドでの空調の販売台数・売上高は、目標額をはるかに上回った。ボリュームゾーンへの浸透が着実に進んだのである。

3 空調方式の異なる北米における、事業拡大のためのM&A

ダイキンは、中国やインドなどでは格力との技術提携を除き、自力での有機的成長を図ってきたが、M&Aによるグローバル体制の確立も図っている。代表的なものとして、2006年のマレーシアのOYLの買収と2012年の米国のグッドマンの買収がある。

マレーシアのOYLは1974年創業で、2005年6月時点の売上高が1850億円ある世界第6位の空調メーカーであった。ローコスト空調機によるコスト競争力に強みがあり、アジアなど新興国に事業基盤を持つ。当時世界第2位のダイキンは、OYLを買収して世界第1位のキャリアを追撃しようと考えた。と同時に、OYLならびに、OYLが保有する傘下企業のチャネルやサービス拠点を入手し、ダイキン製品の販売網を増やすこともできる。OYL傘下のマッケイは世界第4位のアプライド（セントラル）空調メーカーであり、アメリカン・エア・フィルター（AAF）は世界第2位の業務用フィルターメーカーである。[★2] OY

★2—AAFは2016年2月、米国でトップシェアのエアフィルターメーカー・フランダースを買収し、シェア世界第1位になっている。ダイキンは2009年に日本無機を買収しており、米国ではAAFと日本無機を通してエアフィルターを製造販売してきたが、さらに強力な企業を傘下に収め、エアフィルター事業を空調、化学に次ぐ第3の柱とする。

Lは全体として生産拠点をマレーシア・中国・北米に8カ所、サービス拠点を中国・アセアン・米国に50カ所ほど所有していた。

米国のグッドマンは1975年創業で、2011年12月時点の売上高が約1600億円ある企業である。大量かつハイスピード生産でコスト競争力がある。さらに部品調達から販売まで優れたサプライチェーン・マネジメントを確立しており、リーン（贅肉のない）生産方式に強みを持つ。テキサス州に2つ、テネシー州に2つの工場があり、米国市場で主流のダクト式エアコンを生産していた。さらに全米に900カ所以上の販売拠点とその傘下に6万店のディーラーを抱え、業界最大規模の販売網を有していた。

ダイキンは強みを持つダクトレス式エアコンの普及をめざして、米国市場開拓に挑戦していたが、過去に2度の撤退を経験していた。ニーズの異なる米国市場を攻略するため、アプライド空調メーカーのマッケイに加えて、ダクト式エアコンの低コスト生産に定評のあるグッドマンを買収し、商品の品揃えを拡充するとともに、グッドマンが所有するチャネルでダイキン商品を販売し、長期的には市場ニーズそのものを変容させようとしたのであった。★3

今後はダイキンとグッドマン双方の強みを生かして、北米にとどまらず、中南米など他地域の新市場開拓も期待されている。

★3―グッドマン買収に先立ち、2011年7月にはダイキンヨーロッパ（ベルギー）を通じて、トルコの空調機メーカー、エアフェルを買収している。

Point 1

チャネル確保にはM&Aも有力な手段

チャネルは、製品、価格、プロモーションといったマーケティングの他の戦略と違って、外部の卸売業や小売業あるいは物流企業の力に頼ることが多い。チャネルの基本的な構築の仕方は国内でも同じで、製品の特性や生産者の特性（資本力、品揃え、競争力、シェア等）、流通業者の特性（流通業者数、分布、規模、販売能力等）、市場要因（顧客数、購買量、購買頻度、地理的分布等）を総合的に判断する。生産者から最終ユーザーに届くまでに介在する流通業者の数や、ある地域において取引する流通業者の数などを決めて、最適なチャネルの設計が必要となる。

ただ、海外でこうしたチャネル構築を一から手がけるのは容易ではない。そこで前章で説明したように、M&Aによってチャネルを確保するというのも有力な手段である。事例で紹介したダイキンも、M&Aを活用している。

ダイキンは世界全体を見ながら、地域・製品のバランスを取って、どんなふうに自分たちのポートフォリオを組んでいくかを考えて海外展開をしている。まず進出したのは欧州で、1972年のベルギーからスタートして、買収を繰り返し行い強力な販売網を構築した。欧州の売上高は2016年3月決算で2513億円に達している。

中国やインドにも進出したが、市場規模の大きい米国市場を攻めようと、グッドマンを買収する。グッドマンの買収では、従来のダクト方式の販売は基本的にグッドマンの経営者に任せることにした。一方で、グッドマンの強力な販路を使って自分たちの強みであるダクトレス方式も販売。2つの方式の製品を販売して、徐々に市場を拡大していくというやり方に変えたのである。なお、M&A後は、相乗効果を生み出せるように、グッドマンの自主性の尊重や相互の信頼関係の醸成にも努めている。米国の売上高は2016年3月決算で4963億円と、日本の売上高4169億円を追い抜いている。

Point 2

進出先のターゲットに合わせてチャネル戦略も変化させる

ダイキンは、中国では自前のチャネルをつくっていった。狙ったのは、高級マンションを買う人で、その人たちに空調設備を販売するダイキンの専売店としてプロショップという新しい独自のチャネルを開発したのである。

一方、インドの場合は、ボリュームゾーンの上位層を対象に、ルームエアコンを設備店・空調店・家電店といったディーラー網を通して販売していくスタンスだ。価格は決して安くはないのだが、中国のように「エアコンのベンツ」を目指すのではなく、ユーザーにとって買いやすいレベルである。

そして、前述したように、欧州ではチャネルを取って自分たちの技術・製品を着実に売っていく。米国は自分たちの製品・チャネルだけは売れないので、グッドマンを買収して製品・チャネルを丸ごと買った上

図 5-3 ★ダイキンの市場ごとのチャネル戦略（抜粋）

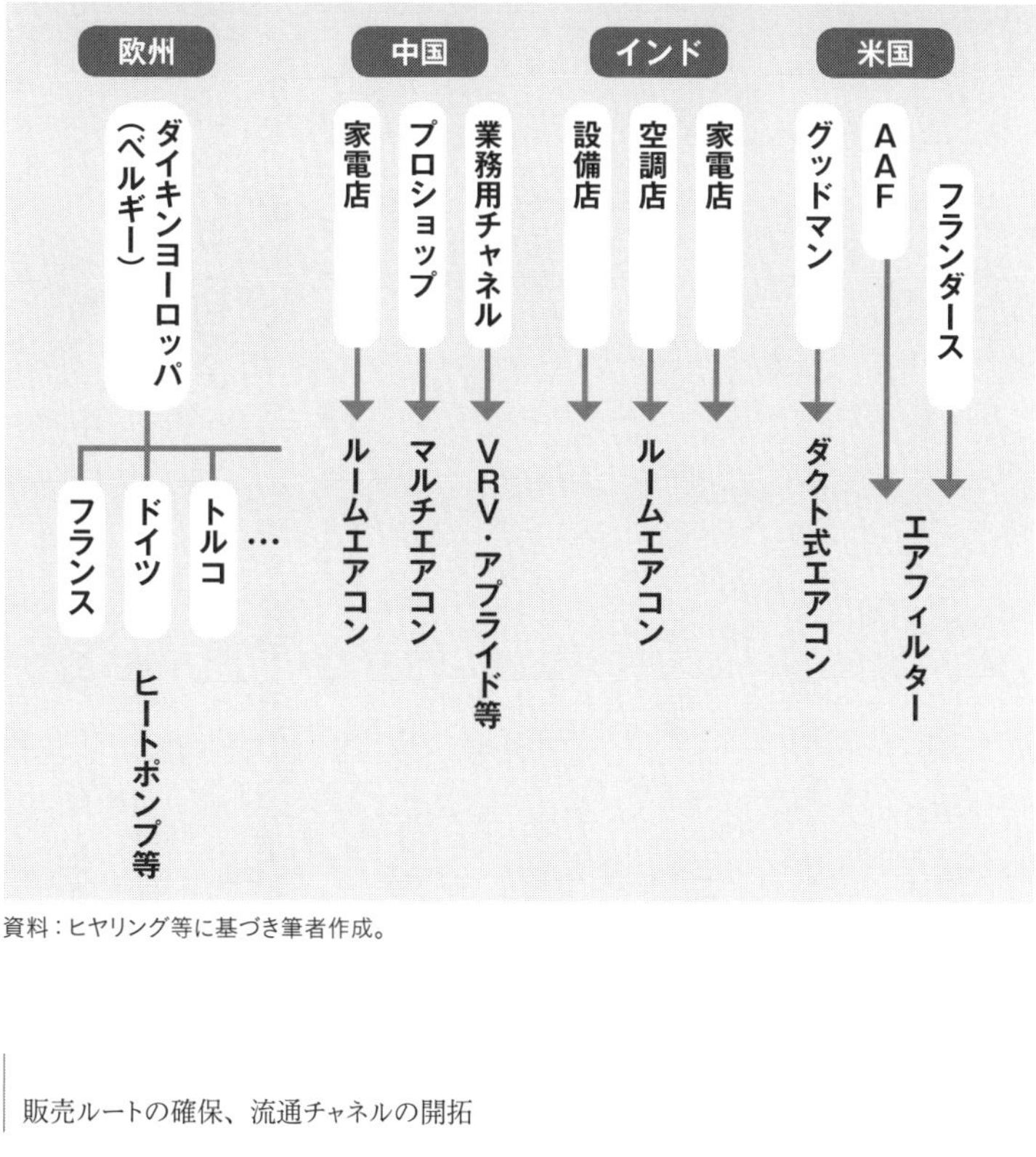

資料：ヒヤリング等に基づき筆者作成。

で、自分たちの製品をそのチャネルに乗せていく。

第3章で説明したSTPの話で言えば、ダイキンの場合、中国は富裕層を、インドは平均よりやや上のボリュームゾーンを狙うというふうに、要は国ごとに販売ターゲットが異なっている。それに伴いチャネル戦略も変えているのだ［図5-3（→p.131）］。

グローバル・マーケティングでは、STPと同時にチャネル戦略も柔軟な対応が求められるのである。

ケース 8

フマキラーの事例

知見のあるチャネルを強い人材に任せて販路を開拓

殺虫用品を中心に、国内で家庭用品や園芸用品を展開するフマキラー。

世界屈指の蚊取り線香マーケットであるインドネシアに進出したのが 1990 年であった。

わずか 25 年で、インドネシアでの売上高は当初の 30 倍もの規模に拡大している。

フマキラーが取った販売戦略に迫る。

1 約230万社のTTを組織化し、周辺から攻めて大成功

フマキラーは1890年に薬種商「大下回春堂」として創業。1920年には、除虫菊から作った殺虫剤「強力フマキラー液」を世界に先駆けて開発し、製造・販売を開始してその後の発展の礎を築いた。現在は殺虫用品をはじめ、家庭用品、園芸用品、業務用品等のメーカーとして事業を営んでいる。海外でもアジアを中心に幅広く展開しているが、その中でも以下では、インドネシアでのチャネル戦略について紹介していこう。

フマキラーが現地法人フマキラーインドネシア（出資比率フマキラー85%、住友商事15%）を創業して最初にインドネシアに進出したのは、1990年のことだった。インドネシアでは殺虫剤は必需品で、世界屈指の蚊取り線香マーケットである。当初は輸出中心であったフマキラーも、2000年からは本格的にインドネシア国内市場を開拓することになった。だが、当時はすでに多数のグローバルブランドやローカルブランドが市場を支配しており、後発のフマキラーインドネシアは苦戦が続いていた。

そのような中の2003年6月、転職してきたばかりの山下修作が、インドネシアのマーケティング担当常務として現地に赴任することになった。1995年から2000年までユ

ニ・チャームのインドネシア事業担当者として、同国で新規事業を立ち上げた経験を持つ人物である。山下は翌年にはフマキラーインドネシア社長に就任した。

過去の経験から独自戦略を取る

山下の赴任当時、フマキラーでは全国規模のディストリビューター（販売代理店）１社を経由して販売ルートを確保するチャネル戦略を取っており、実質的にはメインのディストリビューター１社が全国市場の９割、残り１割を別の３社が担うという状況になっていた。ところが山下は、全国規模のディストリビューターが十分に機能していないということで契約を解除した。

図 5-4 ★フマキラーの周辺攻略戦略

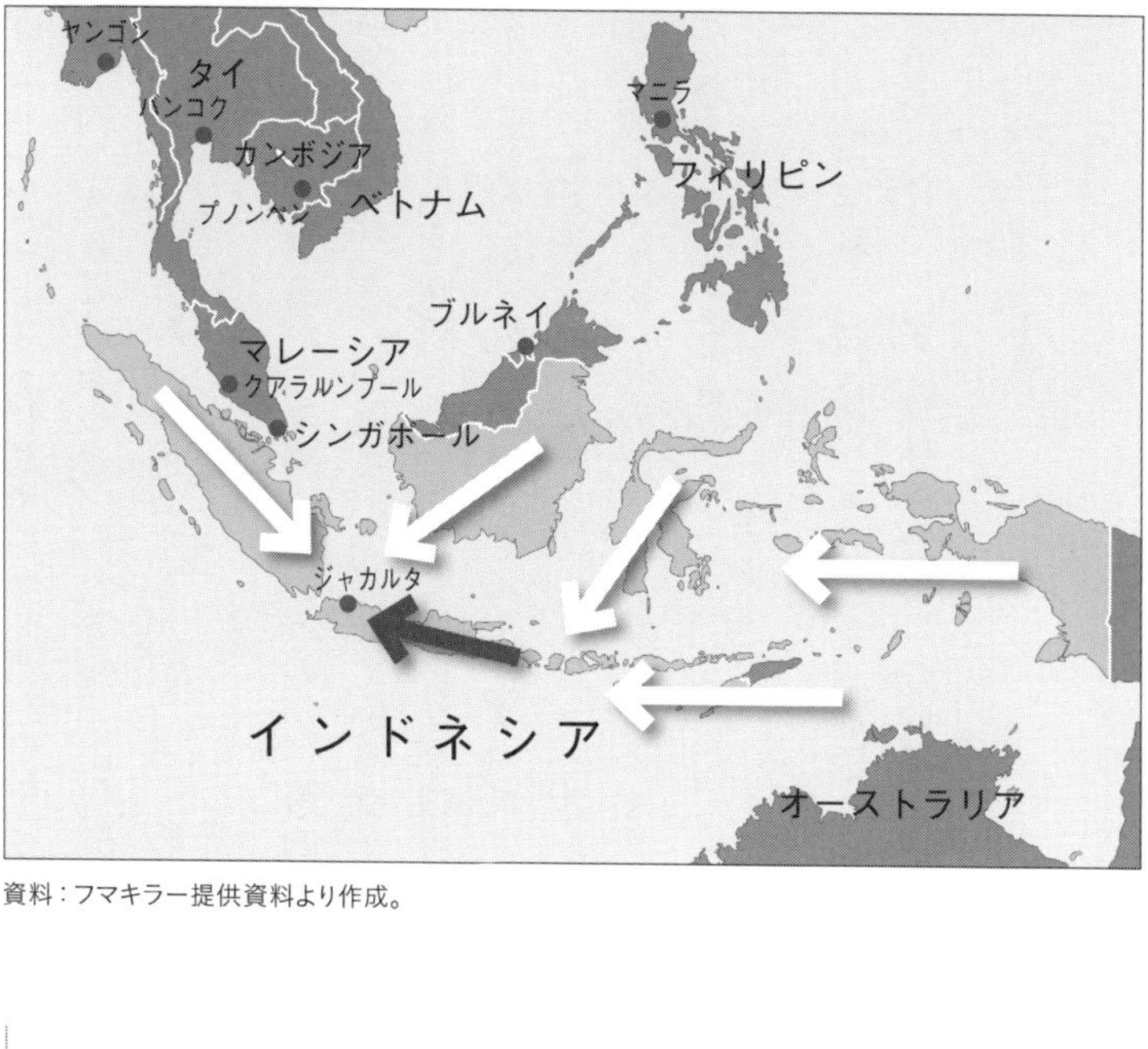

資料：フマキラー提供資料より作成。

そして、全国に散らばる69社のローカルのディストリビューターとダイレクトに取引をして、組織化を行った。この69社から卸売店を通して、約230万社あるといわれる極小の伝統的な小売店（トラディショナルトレード＝TT）に主として渦巻き蚊取り線香などが流れる、販売システムを構築したのである。

通常であれば所得の高いジャカルタを中心としたジャワ島から攻めるというのが一般的なやり方である。だが、山下はユニ・チャームで地方を見てきた経験と、先行しているライバル企業の動きなどから、ジャワ島から攻めるのは難しいと判断した。また、優良な全国規模のディストリビューターと組むという選択肢も考慮したが、競合のグローバル企業やローカル企業と比べるとフマキラーは小さな会社で、力のあるナショナルディストリビューターはまず本気で相手にしてくれない。そこで、自分の培った人脈も生かし、ローカルディストリビューターとダイレクトに取引して周辺から攻めるという方策を取ることにした［図5-4（→p.135）］。

この作戦は見事に当たった。現地に根を張った販売活動を続けていった結果、周辺大きさでから徐々にシェアを拡大していきブランド力をつけて、ジャワ島以外ではついにトップシェアとなったのである。

2 ジャワ島はキャラバン隊の地道な活動でシェアを拡大

しかしジャワ島では、フマキラーはわずかなシェアしか取れていなかった。ジャワ島には約1500万店のトラディショナルトレードがあるが、そのすべてに商品を届けるのは難しかったため、同社とディストリビューターが共同で行ったのが、車を使ってのローラー作戦である。男性セールスマン1名と女性1名が一つのチームを組み、47のチーム編成で、ジャワ島にある118県のうちの32の県を選び、各県内の郡（クチャマタン）にある小売店を1軒1軒回る。セールスマンは各店舗に、フマキラーの蚊取り線香を扱ってもらうように売り込む。その間に女性は、周辺の家庭を訪問して試供品を配るのだ。1カ月ほどで1000軒程度ある郡内の店を回り終えるが、1度だけの試供品配布ではリピート購買に直結しないので、一つの郡でこの活動を3カ月継続する。それが終わると、また次の郡に移動するという気の遠くなるような地道な活動を継続していった。

その結果、ジャワ島全体では、渦巻き蚊取り線香の売り上げは順調に伸び、2008年から2015年の間で約6倍に増えた［図5-5（→p.138）］。現在もジャワ島では厳しい競争が続いているが、渦巻き蚊取り線香のシェアは、地方での圧倒的な強さもあって、インドネシア全体では30%以上を占め、堂々のトップになっている。

しかし、ジャワ島はかなり都市化が進んでいて、モダントレードもできており、製品自体のニーズも、主力は蚊取り線香よりもエアゾール型になっていた。従って、フマキラーも、モダントレードを中心にエアゾールの販売に力を入れたが、やはり競合が多く、なかなかシェアが伸びない。そこで、「ワンプッシュＶＡＰＥ（現地語で『ファペ』と発音）という通常の３分の１くらいの大きさで、コンパクトながら効き目が強力な新製品を開発し、２０１０年に発売を開始した。この製品は現地で市場調査をして、製品力の高さも認

図 5-5 ★インドネシアの売上高の推移

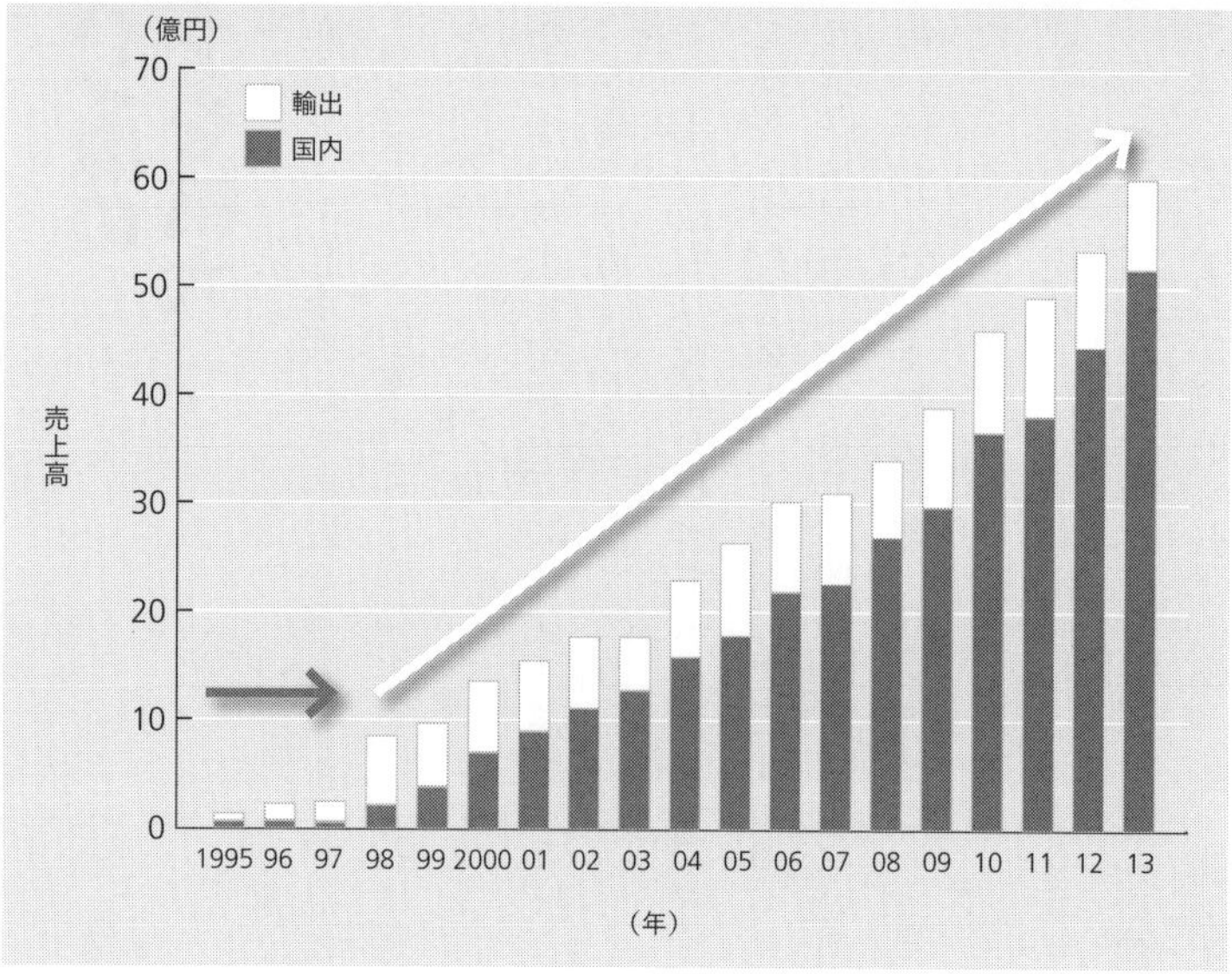

資料：フマキラーより提供。

知されたことから、残るはブランド力ということで広告費の8割をこれに集中。その結果、2015年の売上高は、発売当初の約30倍に達した。また、この広告投資が効いて、インドネシアでのフマキラー全体の売上高増大にもつながっている。

【ケース解説──**ここが重要**】

Point 1

途上国ではTTの販売ルートの確保が重要

山下の最大の功績は、それまで培ってきたディーラーとの関係性を惜しみなく生かした点である。山下は前職のユニ・チャーム時代に、インドネシアの各地をくまなく回り、ローカルのディストリビューターの信頼を得ていた。その信頼関係の下で、フマキラーに移ってから、69社のディストリビューターとのダイレクトな取引をスタートする。そして強力なライバルのひしめくジャワ島は最後に回して、周辺から攻めるという戦略を取り、地方では大成功を収めた。

インドネシアに限らず、一般に途上国では、ディストリビューターの数は多くても、本当に力のある優良なところは少ない。その限られたディストリビューターを確保できるかどうかは、チャネル戦略のポイントの一つだ。ディストリビューターは「一つのカテゴリーで一つのブランド」しか取り扱わないので、優良なディストリビューターを他社に先駆けて確保できれば、大きな競争優位を築くことができる。

また、第2章の花王の事例でも触れたように、途上国の場合、重視すべきチャネルは、量販店などのモダントレードよりもトラディショナルトレードである。高額のエントリーフィーや棚料などがかかるモダントレードでは、なかなか利益が出にくいのに対して、まだまだ圧倒的に数の多いトラディショナルトレードのほうが、利益も生みやすい［図5-6］。その意味でも、山下が69社を組織化してつくり上げたフマキラーのチャネルは、極めて価値の高いものだ。

途上国において、各地に広がるトラディショナルトレードに隅々まで商品が行き渡るようなルートを確保できるかどうかは、チャネル戦略、さらに言えばその国でのビジネス全体の成否を分けるほど重要なのである。

図5-6★トラディショナルトレードとモダントレード

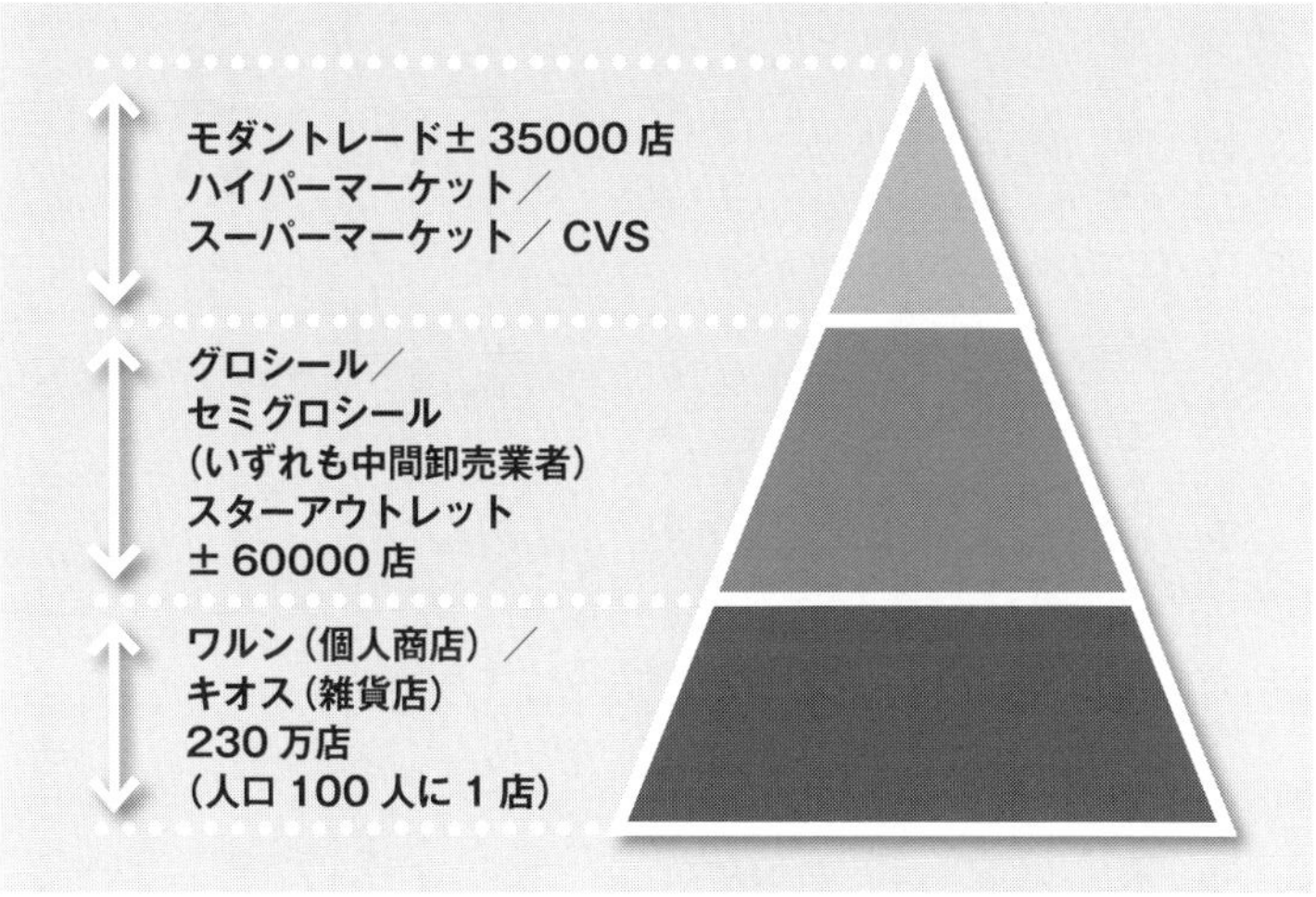

資料：フマキラー提供資料より作成。

Point 2

チャネル戦略をディーラー任せにしない

途上国でビジネスをするときのチャネルの類型は大きく2種類ある。ディストリビューターを利用するタイプ（例：フマキラー、ユニ・チャーム、マンダム）と、ディストリビューターの利用だけでなく直販も実施するタイプ（例：花王、味の素、ヤクルト）である。さらに、前者は、複数の地域のディストリビューターを利用するタイプ（フマキラー、ユニ・チャーム）と、全国規模のディストリビューター1社を使うタイプ（マンダム）とに分かれる。後者では、主要都市では販社を通して直販し、地方ではディストリビューターを使うというのが一般的だ。

ただ、いずれのタイプであっても、実際に途上国でうまくいっている企業を見ると、チャネル戦略をディストリビューターに全面的に任せきりにしているところはまずない。必ずと言っていいほど、自らディーラーやエンドユーザーに絶えずアクセスしているのである。これはやはり大きなポイントだ。

フマキラーのジャワ島でのキャラバン隊のローラー作戦などは、まさに自ら地域の小売店や消費者とコンタクトをして販路を広げており、途上国でチャネル戦略を成功させている好例と言えるだろう。

［まとめ］
ターゲットや地域の特性を踏まえたチャネル戦略を

チャネルは企業にとって大きな資産である。最近はインターネットの発達により、自社での直販も増えてはいるものの、ほとんどの企業は卸売業や小売業を使って商品の販売をしている。もしも競合他社よりも先に優良なチャネルを構築できれば、それが参入障壁となって長期的な競争優位を得ることにつながるので、チャネル戦略は非常に重要である。

事例にもあるように、とりわけ海外の場合は、M＆Aでチャネルを買ってしまうというのも、有力な手段だ。場合によっては、既存のディーラーを活用するだけではなく、自前のチャネルを開発していくべきケースも生じるかもしれない。

ただし、いずれにしても世界的にまったく同じやり方はできない。チャネルに関しても、例えば途上国ならではの注意事項などもあるので、ターゲットや地域の特性をしっかり踏まえた上で、やはり柔軟に対応していくことが大切になる。

第5章 Chapter

point

- チャネル確保には M&Aも有力な手段
- 進出先のターゲットに合わせて チャネル戦略も変化させる
- チャネル戦略を ディーラー任せにしない

Column

異色のグローバル・マーケティング

Jリーグ（公益社団法人日本プロサッカーリーグ）

企業のアジア進出をJリーグがアシスト

サッカーのJリーグでは、今、面白い国際化の取り組みをしている。その推進役となっているのが、国際部の山下修作だ。山下はもともとファンサイトの運営などで、外部からJリーグの手伝いをしていたが、現在は内部で職員として活動している。

山下は、リーマンショック以降Jリーグの収益構造に課題意識を持つようになった。Jリーグは地域密着のホームタウン制をとっており、地域の企業に支えられているクラブが多い。人口減少・高齢化が進む日本において、地域の企業にスポンサードを頂くだけでは、大きく成長するのが難しいかもしれない。アジアで何か新しいビジネスモデルを確立できないか探るために、アジア各国を訪れていた山下は、過去20年で急成長してきたJリーグに非常に興味を持っていた現地クラブのオーナーなどと頻繁に会っていたが、彼らが大臣や産業界の要職も兼務していることが多いことに気が付いた。そこで、このコネクションを使ってJリーグのスポンサー企業と現地の産業界をつなげば、収益構造を変えることができるのではないかと考えついた。例えば、Ｊクラブ（サッカーチーム）が培ってきた選手育成・強化のノウハウを現地クラブに無償で提供し、現地クラブの強化をサポートする代わりに、現地クラブのオーナーの持っているビジネスネットワークをＪクラブのスポンサーに紹介してもらい、スポンサー企業のビジネス進出・展開をサポートするのだ。進出に成功すれば成功報酬としてスポンサー料を増額してもらうというような成功事例が増えてきた。

さらに、Ｊリーグにアジア各国のスター選手が加入することによって、選手の出身国での露出が大幅に増え、放映権料やスポンサー料、海外から日本の試合を見に訪れる観光客のグッズ収入等が増えている。それらによって、Ｊリーグ全体や各クラブの収益向上にもつながる。もともとこのビジネスモデルは、アメリカのプロバスケットボールリーグのＮＢＡが始めたもので、それを大リーグＭＬＢがまねたのである。中国の姚明がＮＢＡで活躍したり、日本の野茂英雄、イチロー、松井秀喜といった選手がＭＬＢで活躍するようになったりしたのも、こうしたアメリカプロスポーツのビジネス戦略の一環なのである。ただし、Ｊリーグの場合は、ヨーロッパのトップリーグほど海外での認知が高くないため、なかなかそこまでできなかった。だが、前述したアジアでの活動を通じて認知度が高まり、Ｊリーグで活躍できる海外選手を獲得できるようになったので、このビジネスを進めているわけだ。２０１６年７月にはＪ２の水戸ホーリーホックに所属しているベトナム代表のグエン・コン・フォン選手の観戦ツアーが実施され、ベトナム航空が初めて茨城空港に直行便を運航するなど地方へのインバウンドでも大きな成果を得た。

これまでもJリーグは集客を高めたりグッズ販売を促進したりする努力をして、国内においては一定の成功を収めるクラブも生まれてはいたが、海外に進出するという発想は乏しかった。しかも、このアジア戦略の場合は、各クラブが単独で取り組むのとは違い、Jリーグ全体でブランド力を高め、収益を上げるビジネスモデルをシステムとしてつくり上げている。また、これまで海外からの観光客というと、「爆買い」に象徴されるような〝モノ消費〟が中心だったが、これからはサービス業と組むような形での〝コト消費〟が増えていくと予想される。そのコト消費の観点からも、日本の優れたスポーツや文化で観光客を呼び込むというJリーグの取り組みがきっかけになり、これから他のスポーツなどでも同様の動きが増えてきそうである。

さらに言えば、このJリーグの取り組みは、日本国内でのビジネスのシステムや方法を海外にそのまま展開するのではなく、何か一つやり方を変えれば、アイデア次第で新たなチャンスをつかむことができる好事例とも見ることができる。特に今、国内だけでビジネスをしているものの、市場の縮小で先行きには危機感を抱いているようなドメスティックな企業には、海外展開の仕方として一つの大きなヒントになるのではないだろうか。

第6章 Chapter

地域ごとにやり方を変えるか、変えないか

キーワード

世界標準化
現地適合化
延期と投機
複合化
SKUレベル

世界の市場へ進出するときに、もともと日本で販売している自社製品をそのまま持って行くか、現地のニーズに合わせて変えるのかというのは難しい問題だ。本章ではコカ・コーラと資生堂の事例を取り上げる。

はじめに

グローバル・マーケティングでは、世界標準化と現地適合化という問題が常に付きまとう。

経営用語に、「延期と投機」という言葉がある。延期とは、実需が発生するぎりぎりまで生産・物流等を待って対応することで、いわば注文生産のことである。これに対して投機は、予測・計画に基づいて原材料を発注して、規模の経済性によりコストを下げて効率化を図る、いわば見込み生産である。グローバル・マーケティングに置き換えると、それぞれ応用が必要となるが、できるだけ現地のニーズに合わせて現地適合化をしていくのが延期の理論、標準化で大量生産をしていくのが投機の理論になる。

世界標準化と現地適合化については、これまで多くの研究があるが、はっきり言えるのは、単純な世界標準化および現地適合化では、いずれも成功しないということだ。従って、その中間でそれぞれの長所のいいとこどりを狙うことになり、これを筆者は「複合化」と称している。複合化をどのような形で進めていくべきかは、今でもどの企業も頭を悩ませている。本章では、複合化の進め方について見ていく。

ケース 9

コカ・コーラの事例

社長交代とともに揺れ動いてきた標準化と適合化

コーラ飲料で有名なコカ・コーラは、
世界の 200 カ国以上の国と地域で多数のアイテムを販売している。
世界標準化と現地適合化、そして複合化を時代に合わせて展開している。
同社の事例を紹介する。

1 揺れ動いてきた複合化戦略

コカ・コーラは、1886年、世界初のコーラ飲料として米国ジョージア州・アトランタで誕生した。その後、エイサ・G・キャンドラーが「ザ コカ・コーラ カンパニー」を設立して初代社長となり、コカ・コーラの製造と販売ビジネスを軌道に乗せ、米国全土にコカ・コーラを広めた。

1919年にはアーネスト・ウッドラフが、キャンドラーからザ コカ・コーラ カンパニーを買収。その4年後にはアーネスト・ウッドラフの息子であるロバート・ウッドラフが社長に就任する。彼は海外展開を積極的に推進し、全世界にコカ・コーラを広めていった。

現在では、200カ国以上の国・地域で500以上のブランド、3800以上の製品を展開している。また、ボトリング会社300以上、製造工場900以上、売上高10億USドルを超える16のブランドを擁している。

なお、日本では、1956年から1963年にかけてボトリング会社（ボトラー）17社（その後、合併により減少）を設立。日本での製造・販売の基礎を確立した。現在では、日本コカ・コーラが企画・研究開発・現役製造を担当、ボトリング会社が製品製造・物流・販売・

回収・リサイクルを受け持つ。日本では独自のブランド・製品を含めて50ブランド、300種類以上の製品を販売している。

ザ コカ・コーラ カンパニーの世界標準化・現地適合化戦略については、パンカジ・ゲマワットの著書『コークの味は国ごとに違うべきか』でも一部触れているが、より長いスパンで、ロバート・ウッドラフの時代から現在のムーター・ケントの時代までの変遷を分析してみると、ロバート・ウッドラフの時代（社長在位1923～1981年）

図 6-1 ★ザ コカ・コーラ カンパニーの現地適合化と世界標準化の歴史

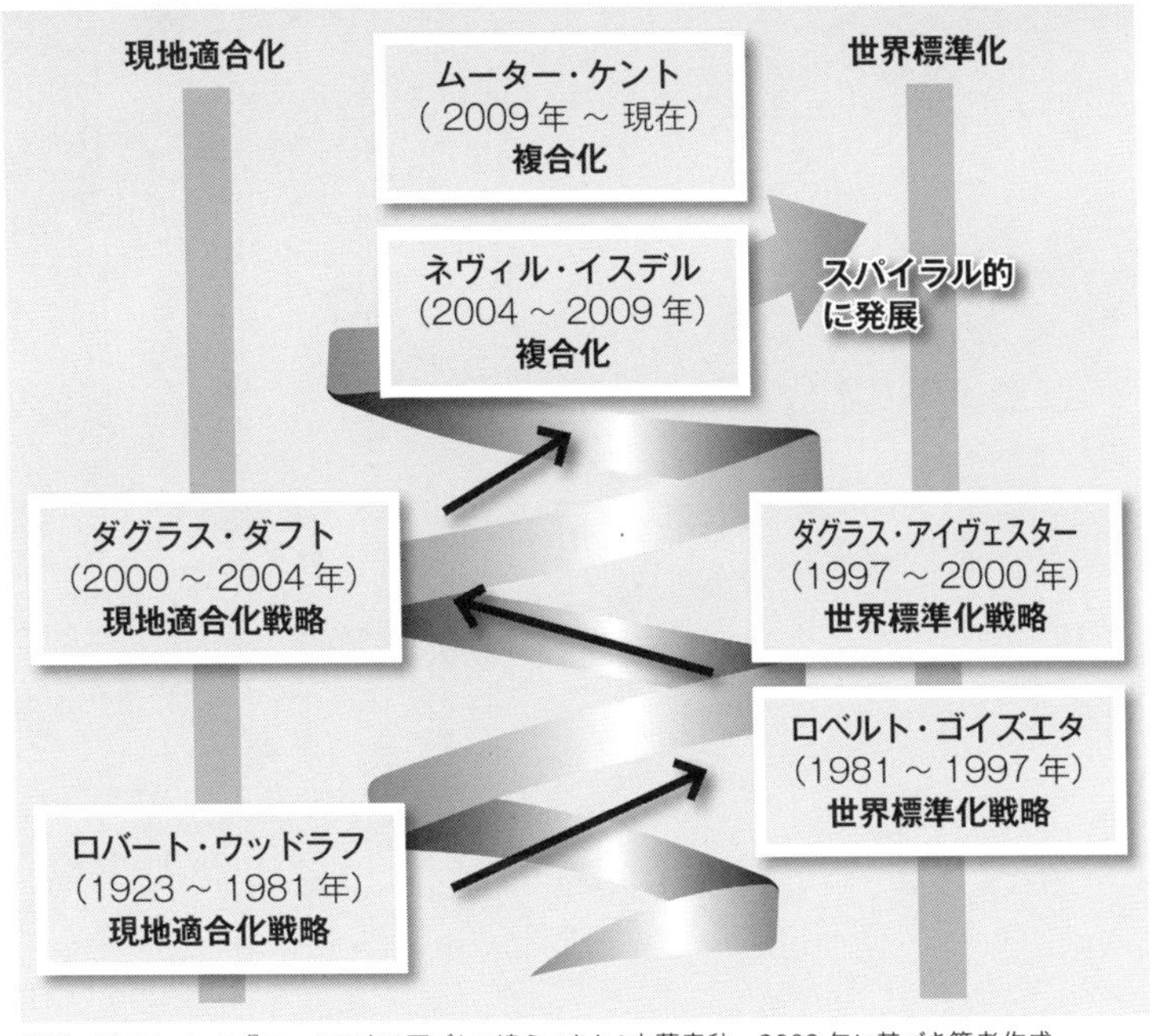

資料：ゲマワット ,P.『コークの味は国ごとに違うべきか』文藝春秋、2009年に基づき筆者作成。

は現地適合化戦略だったが、以降ロベルト・ゴイズエタ（1981～1997年）、およびダグラス・アイヴェスター（1997～2000年）は世界標準化、ダグラス・ダフト（2000～2004年）は再び現地適合化、そしてネヴィル・イスデル（2004年～2009年）、ムーター・ケント（2009年～）の時代になって、複合化戦略を取るようになったと捉えることができる。このように、ザ コカ・コーラ カンパニーの複合化（世界標準化と現地適合化のいいとこどり）は、社長（CEO）交代とともに揺れ動いてきたという歴史がある［図6-1（→p.153）］。もっとも、［図6-1］はゲマワットの説明を基に描いたものであり、現実に彼が描いた世界標準化・現地適合化が正しいかどうかは検証を要する。ここでは、「同一企業でも社長が変われば戦略が変わりうる」ことを示すためだけに掲げている。

Point 1

世界標準化と現地適合化の長所を融合させて、複合化を図る

世界標準化と現地適合化の長所［表6‐1（→p.156）］を併せ持つのが「複合化」であるということは前にも述べたが、これまでの世界各国の企業の世界標準化と現地適合化に関するさまざまな研究によると、アメリカや日本の企業は世界標準化の傾向が強く、ヨーロッパ企業は現地適合化の傾向が強いといわれてきた。

日本企業の場合は多国籍化が遅れたため、「良いものをより安く」というものづくりが重要視されてきた。特に品質を保ちながら、どれだけコストを下げるかという生産における効率性を追求した結果、1970年代および80年代には日本企業の製品が世界を席巻した。こうした中でセオドア・レビットというマーケティングの大家が1983年に『ハーバード・ビジネスレビュー』で「グローバリゼーション・オブ・マーケッツ」という論文を発表する。日本語にすれば「諸市場のグローバル化」だが、ここで彼が言うグローバル化は、世界標準化を指している。日本企業は安くて品質のよい、世界的に標準化した製品を出して成功して

おり、これからのグローバル・マーケティングは、現地適合化よりも世界標準化が必然だと主張したのである。

ただし、その後は韓国企業や中国企業が出てきて、安くてよいものは日本企業の専売特許ではなくなった。コスト競争が激しくなって世界標準化だけでは勝負ができなくなり、日本企業は現地適合化を叫び出す。その適合化の仕方も、進出した国の市場に合わせて、製品・広告・チャネルなど、どの部分でも現地に寄り添ってやっていくというものであった。現地適合化の方が、現地の事情をリスペクトしているようでイメージが良い、と日本の経営者は考えているようである。それが今も続いていて、現地適合化、ローカライズを非常に重視している日本企業は多い。

一方、アメリカ企業は、コカ・コーラをはじめ、ナイキやアップルなどが典型的だが、割と合理的に世界標準化をして、コストを下げて自分たちの製品を売っていく傾向が強い。必要があるときにのみ、最低限の現地適合化をするという形でやっていくわけである。とはいえ、日本コカ・コーラの「ジョージア」や「アクエリアス」「爽健美茶」などに見られるように、現地市場に合わ

表 6-1 ★世界標準化と現地適合化のメリット

世界標準化のメリット		現地適合化のメリット	
	● コスト節約 ● 世界的イメージの形成 ● 組織の簡素化／統制の改善 ● 優れたアイデアの活用 ● 迅速な投資回収 ● 規格統一化 ● 需要創造		● 顧客満足の向上 ● 特定市場での売上増 ● 戦略の柔軟性／変化への迅速な対応 ● すべての市場で対応可能 ● 現地法人の自社開発品への誇り ● 現地法人の自主性尊重 ● 現地法人人材の確保・育成

資料：筆者作成。

せた製品開発もしっかりやっていることを忘れてはならない。

これに対して、ヨーロッパ企業はもともと母国市場が小さいので、全体的にはかなり現地適合化志向が強い。しかしながら、実はネスレやユニリーバといった企業を見ると、それほど単純に現地適合化しているというわけではない。実際に彼らが持っている多数のブランドの中でも、グローバルなトップブランドに関しては、製品についてもしっかりと世界標準化をしている。例えば、ネスレにおいて「ネスカフェ」や「マギー」「キットカット」などは、世界的に見れば世界標準化の強い製品である。

コカ・コーラやネスレの例に見られるように欧米企業は世界進出の歴史が長いので、うまく世界標準化と現地適合化の「いいとこどり」をしてきたというのが筆者の見解である［図6-2］。

現在の日本企業は、レビッドが主張するような世

図 6-2 ★複合化とは

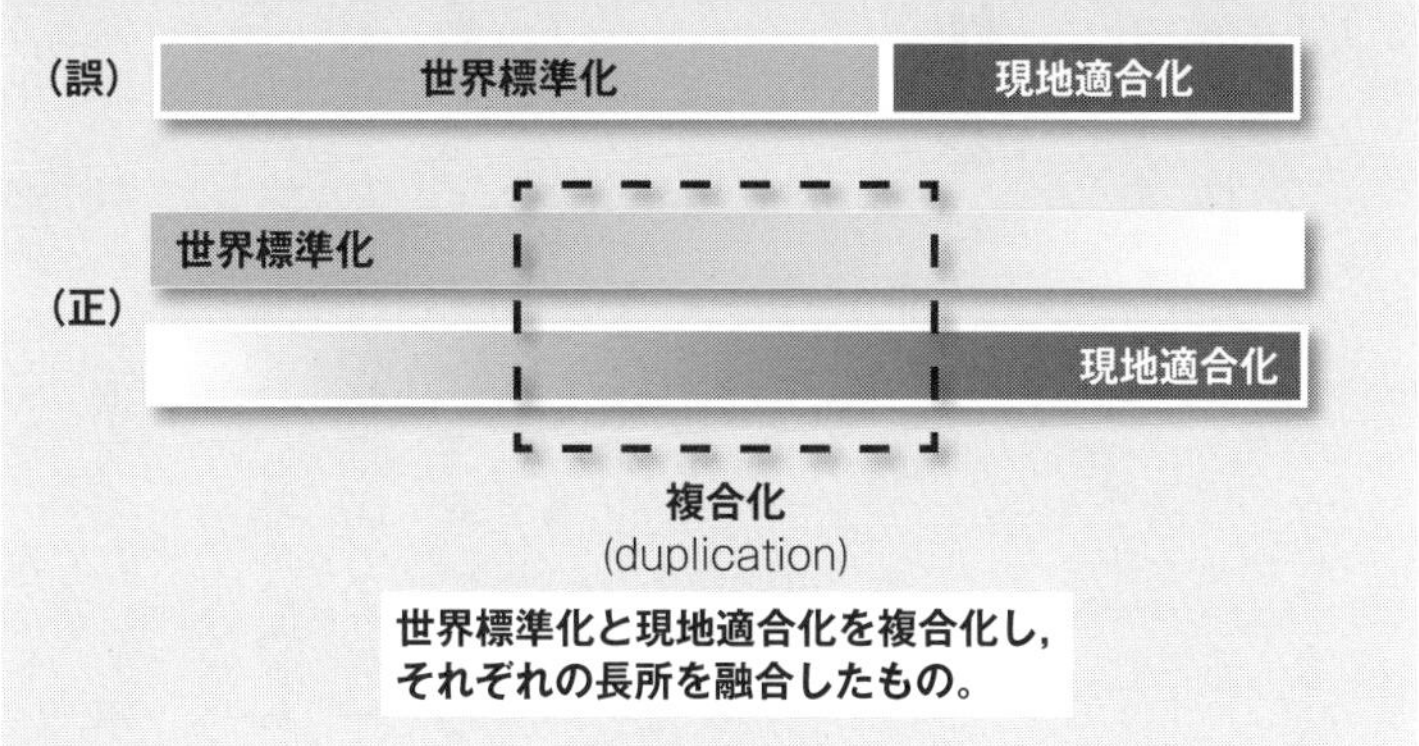

資料：筆者作成。

界標準化一辺倒ではない。ただし、筆者にはむしろ現地適合化を強調し過ぎているように映る。現地適合化は現地の事情に適合するので有利な面はあるが、コストが増大するなど不利な面もある。

このように、世界標準化と現地適合化の二者択一ではなく、バランスよく両者の長所を融合させる複合化は、程度の差こそあれ、どこの国のどんな産業でも、どんな時代でも例外なく非常に重要である。しかし、複合化においては、こうすれば成功するという理論が確立されているわけではない。また、同じ会社の中でも、時代によって戦略を変えていく必要が生じる。コカ・コーラの場合に見られるように、社長が変わるたびに、その戦略を変えることもある。

Point 2 複合化のバランスは企業や時代によっても異なる

コカ・コーラの本社では、フラッグシップブランドである「コカ・コーラ」については、銀行の金庫の中にレシピを保管し、トップ3くらいまでしか見られないようにしている。そして、そのレシピをもとに調整された原液を世界中に配送して、ボトリングだけを各国でやっていくという厳密な世界標準化戦略を取っている。

だがロバート・ウッドラフは、現地適合化を強く進めていき、その後、社長が交代するごとに前述のように世界標準化と現地適合化の間で揺れ動いてきたと言える。

ただし、例えば1981～97年のゴイズエタの世界標準化時代でも、日本でスポーツ飲料「AQUARIUS（アクエリアス）」（83年）やお茶飲料「爽健美茶」（93年）といった現地開発製品が生まれたように、世界標準化一辺倒ではなかった。

また、日本の場合、アクエリアスや爽健美茶以外にも、「GEORGIA（ジョージア）」をはじめ、多数のローカルブランドがある。さらに、世界標準化製品でも、例えば「Sprite（スプライト）」の場合、アメリカの製品は日本よりライムが強く、「HI-C（ハイシー）」の場合は果汁比率が異なるなど、コカ・コーラ以外は味が微妙に違っているものも少なくない。従って、80年代には世界標準化の権化のように思われていたコカ・コーラだが、今では日本コカ・コーラの人に聞いても、「うちは現地適合化が中心だ」と言っているほどである。筆者には、ネヴィル・イスデルの時代あたりからは、世界標準化と現地適合化をうまく使い分けて、完全に複合化を軌道に乗せているように思える。

なお、複合化戦略は製品だけではない。例えばコカ・コーラの日本におけるテレビCM等の広告では、キャラクターとして最初はアメリカ人の若い男女を使っていた。アメリカへのあこがれが強かった時代だったからである。その後は、アグネス・ラムというハワイの中国系モデルなどを使うようになった。やがて日本人がモデルとして合うようになると、今度は日本の男女がキャラクターとして登場する。このように広告のキャラクターも、時代に合わせて変えてきているのである。これも複合化戦略といえる。

Point 3 利益率を重視し過度な現地適合化は避ける

コカ・コーラ以外でも、欧米グローバル企業では、フラッグシップのトップブランドを中心に、世界標準化を図りつつも、現地適合化も行っている。例えばネスレは、トップブランドの一つである「ゴールドブレンド」の場合、ブランド名だけは全世界共通だが、パッケージや風味は国によってすべて少しずつ変えている。

ただし、むやみに現地適合化をしているわけでもない。生産の最適最小規模をクリアでき、一定の売上高が見込めるとなれば、いったん現地適合化を視野に入れる。だが、仮に現地適合化した製品の利益率が3%、世界標準化製品だとある国ではそれほど人気は出ないものの世界的利益率が7%程度あるとわかれば、欧米企業は当然利益率を重視するので、絶対に後者を取るのだ。

これはグローバル・マーケティングに限らないが、あまりにも消費者に振り回されすぎると、まず商品ラインのＳＫＵレベル★1が多くなってしまう。その開発費や在庫コスト、広告費などを考えれば、なかなか採算が合わない。世界的に考えれば、現地の声を聞いてそれに合わせようとし過ぎると、結局、利益が出ないということになる。現地適合化は、世界標準化と比べればコストアップになるだけに、過度な現地適合化には注意が必要である。

★1――Stock Keeping Unitの略。在庫管理を行う場合の最小単位。基本的には、同じ商品でもパッケージや値段が異なる場合には別々のＳＫＵとして扱う。

ケース 10

資生堂の事例

世界標準化・地域標準化・現地適合化の各製品でポートフォリオを構築

世界第 5 位のグローバルな化粧品メーカーである資生堂。
中国での商品展開を中心に
世界標準化と現地適合化の事例について紹介していく。

1 世界標準化製品から入ってチャネルごとに現地適合化の製品を投入

1872年、わが国初の洋風調剤薬局として東京・銀座で創業された資生堂。1897年には化粧品業界に進出し、現在では「美しい生活文化の創造」というミッションの下、国内トップシェアの化粧品の製造販売を中心に幅広く事業を営んでいる。

グローバルで見ると、化粧品メーカーとして世界第5位の規模を誇り、2015年12月時点で売上高7631億円、約120の国・地域に展開している。地域別売上高（2014年度）[★2]は、日本が3656億円（47・0%）に対し、海外が4121億円（53・0%）で、海外をさらに地域別に見ると、アジア・オセアニア1700億円（うち中国1148億円）（21・9%）、欧州1089億円（14・0%）、米州1331億円（17・1%）である。

特に、中国でのブランド戦略の展開に焦点を当てながら、同社の複合化戦略について紹介していこう。

資生堂が中国化粧品市場に参入したのは、1981年。グローバルブランドである資生堂化粧品、石鹸、歯磨きなど60品を輸入品として販売したのがスタートである。1983年には、設備や原料はできる限り中国内で調達し、資生堂の生産技術を導入するという形で「華姿（ファーツー）」の生産・販売を開始した。ただし、この時点では資生堂の品質基準に達していなかったため、資生堂ブランドの名は使わなかった。その後、１９９１年に国営企業麗源公司と資生堂の合弁会社「資生堂麗源化粧品有限公司」を設立し、中国デパートビジネスの事業基盤を確立した。

　１９９４年には、その資生堂麗源化粧品有限公司が、初の中国専用ブランドとして「オプレ（欧珀莱・ＡＵＰＲＥＳ＝フランス語で傍《かたわ》らの意）」の製造販売を開始。やがてオプレは、中国のデパート化粧品市場とともに成長し、現在でも同社デパート事業のナンバーワンブランドとなっている［図６-３］。

　その後、１９９８年に「上海卓多姿中信化粧品有限公司」（華東ＣＩＴＩＣとの合作会社）を設立。ド

★２―２０１５年度は国内９カ月、海外12か月の変則決算になったため、２０１４年度の数値を使用。

図 6-3 ★資生堂の中国市場専用ブランド「オプレ」

資料：資生堂より提供。

ラッグストアなどセルフチャネル向けブランド「ジーエー（Ｚａ）」、小売店やショッピングモールで展開する「ピュア＆マイルド（ＰＵＲＥ＆ＭＩＬＤ）」というデパート以外のチャネルに向けた中低価格帯化粧品製造販売を開始した。これらのうち、「ジーエー」は中国を中心にアジアで展開しており、「ピュア＆マイルド」は中国専用ブランドである。

さらに、２００６年には、専門店（中国全土に構築を図っている資生堂と契約した個人化粧品店のチェインストア）向けの専用ブランドとして、「ウララ（ＵＲＡＲＡ）」を発売。２０１０年には化粧品の販売チャネルとして台頭してきた薬局チャネル向けに新ブランド「D-Q（ディーキュー）」も導入している。これらはどちらも中国専用の現地適合化製品である。

日本発の中国・アジア向けブランドも、「エリクシール」、「マキアージュ」、「アクアレーベル」、「アネッサ」、「ＴＳＵＢＡＫＩ」などがある。ｅコマースも、当初は「ピュア＆マイルド・ソワ」というｅコマース専用ブランドで始めたが、現在は多くのブランドを取り扱っている。

このように、資生堂は中国において、グローバルブランド、中国・アジア向けブランド、中国専用ブランドなどを使い分けながら、チャネル別を基本としたブランドマーケティングを展開中である。

【ケース解説──ここが重要】

Point 1 地域標準化（地域適合化）という選択肢も考慮

当初展開した輸入化粧品は関税の影響などもあり高価だった。ただ、それだけではなかなか現地の消費者は手が出ないというので、少し頑張れば手が出るという現地適合化の中国専用ブランド「オプレ」を1994年に出し、成功を収める。

ただし、これらは全部百貨店ブランドである。中国の百貨店売場を見ると、「資生堂」、「オプレ」の両方をそろえているところも当然あるが、例えば最高級の百貨店には「資生堂」はあるけれども「オプレ」はないとか、少しローカルな百貨店だと「オプレ」はあるけれども「資生堂」はないといったケースもある。また、百貨店というのは、一部の都会にしかないので、製品を地方に広げようと思ったときには、専門店やドラッグストアなど百貨店以外を狙う必要がある。そこで、価格帯をもう少し抑えた中国専用のブランド「ウララ」や「ピュア&マイルド」などを開発した。

一方で「ジーエー」など、マステージといわれるプレステージとマスの中間領域向け製品を、中国だけでなくアジアでも展開している。これらは、世界標準化と現地適合化の中間に位置する、地域標準化、あるいは地域適合化と言ってもいい製品だ。さらに、「エリクシール（ＥＬＩＸＩＲ）」、「マキアージュ（ＭＡＱｕｉｌｌＡＧＥ）」など日本で開発したものを、中国やアジアに持って行く日本発のアジアリージョナルブランド、つまりアジア標準化製品もある。

投機の理論でも明らかなように、規模の経済でコスト低下を実現するというのは、非常に重要である。それに、同じマーケットで一つのもののシェアを大きく伸ばしていくのは容易ではない。成長市場のときならまだしも、市場全体が成熟しているところでは、なおさらである。ならば、同じものをそのまま、あるいは少し姿を変えて海外に持って行き、別の市場で戦ったほうがより大きな売り上げ・利益を上げることができるというわけだ。資生堂もこうした考え方で、世界標準化、現地適合化の各製品のほか、地域標準化製品も加えて、バランスよくポートフォリオを組んでいるのである。

世界標準化・現地適合化はチャネルとも密接に関わる

複合化あるいは世界標準化・現地適合化というのは、一般的には製品展開で説明されることが多いが、特に途上国の場合は、実はチャネルとも非常に密接に結びついている問題である。資生堂の場合は、まさにそれがはっきりとしている。

例えば前述のように、トップブランドの「SHISEIDO」や「クレ・ド・ポー ボーテ」などはグローバルな標準化製品である。同じ百貨店ブランドの中でも、もう少し手に入れやすくということで、現地適合化した「オプレ」を出すが、それだけでは地方の末端まで行き渡らない。そこで、ドラッグストアなどには中国・アジアの地域標準化製品「ジーエー」を出す。また、小売店などには「ピュア&マイルド」、専門店向けに「ウララ」、薬局向けに「D-Q」という具合に、チャネル別にそれぞれ現地適合化ブランドを出しているのだ［図6-4］。

図 6-4 ★中国における資生堂のチャネル構造とポートフォリオ

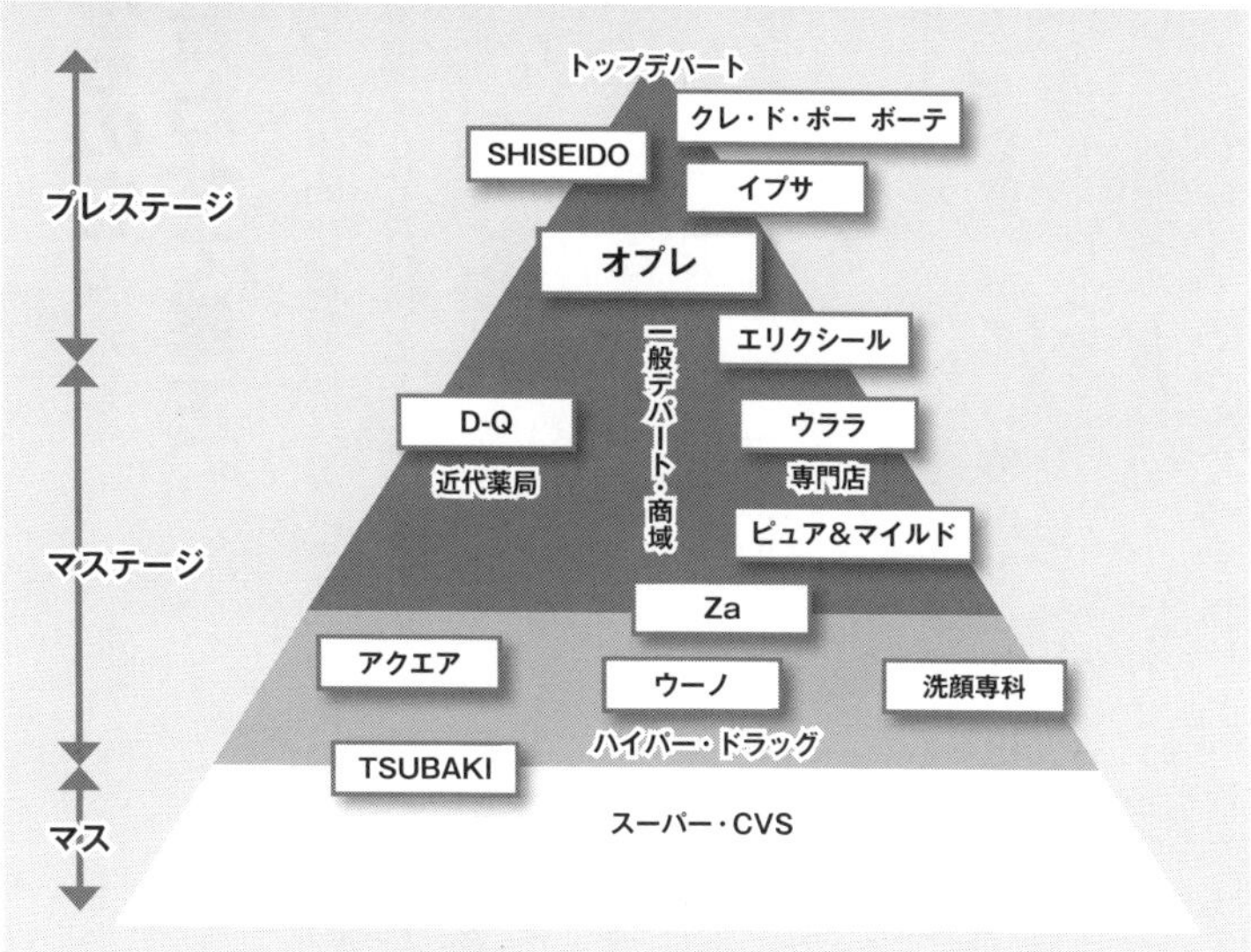

資料：2014 年資生堂中国事業部より提供。

Point 2

国内で成功したものを現地のニーズに合わせて修正

世界標準化・現地適合化の進め方としては、基本的には最初は母国で成功しているものをそのまま出していくのが定番だ。これは世界標準化とは似て非なるもので、「延長化」と筆者は呼んでいる。しばらく延長化をしていると、現地のニーズや気候の違い、規制等さまざまな要因があって、そのままではなかなかうまくいかないことがわかってくる。そこで、いろいろ考えて、早い遅いの違いはあるが、どこかの時点で修正をする。だが、それが母国製品の修正で済まなくなると、現地向けの新しい製品を開発し始める。資生堂で言えば、かつて資生堂化粧品を輸入・販売した後に、しばらくたって「オプレ」を開発したのはこれに近い。

他の企業でわかりやすい例が、家具の製造小売りのニトリだ。ニトリが2013年にアメリカに進出したとき、現地のスタッフは、サイズや色、デザイン等がアメリカには合わないから、もっとアメリカ向けの現地適合化製品を出してほしいと言った。だが、それに対する似鳥昭雄社長（当時）の返答が非常に興味深い。「何を言うんだ。まず、日本でうまくいった自分たちの強いものを出してみろ。それがどうしてもダメだったら、そのときに考えればいいい」というのだ。これは非常に正しい戦略と言えるだろう。現に、同業の世界最大手であるイケアも同じ戦略を取っている。基本的には世界中で標準化された家具を、〝フラットパック〟などのシステムで売る。だから取扱説明書に文字はなく、絵しかない。それでやってみて、サイズが大きすぎるなど日本には合わない点が出てきたら、そこで考えていくという手法である。

例えば、江崎グリコは「ポッキー」をまずは海外にそのまま持って行った。その後、パッケージやフレーバーについて現地でもっとこういうものが好まれるということになると、若干変更をする。製品の基本的形状は変えず、パッケージやフレーバーを変えるのは、あまりコストがかからないからである。

このように、海外に進出する際には、先を読みながら、自分たちが持っている強みは何かをしっかりと考え、それが通用するかどうかまず実行してみる。そして、現地に合わせて何を変えて何を変えないのかを決める必要がある。複合化は非常に大事な戦略である。

［まとめ］

自分たちの強みを究めて複合化

冒頭でも触れたように、単純な世界標準化や現地適合化では成功が難しいので複合化は不可欠と言えるが、そのやり方に絶対的な正解はない。［表6‐2（→p.173）］に複合化の諸方策を挙げているが、これだけにとどまるものではない。自社の強みと弱み、競合企業の動き、現地市場の特性などを考慮し、自社に合った方策を考える必要がある。

実際に成功している企業を見ると、自分たちの製品やサービスに強い思い入れがあって、それを究めようというところが目立つ。ラーメンの「一風堂」が、イスラム圏のマレーシアやインドネシアにも、普通ならまず考えないようなとんこつ味で進出しているというのは、その象徴例と言えるだろう（対象は富裕層や上位中間層の非イスラム教徒である）。日本企業は現地適合化志向が強いが、安易な現地適合化ではなかなか利益が出ないことはすでに解説した通りだ。まずは自分たちの思い入れが強いところで勝負をし、その後、柔軟に現地のニーズに対応して軌道修正を図っていくべきである。

もちろんその企業の状況にもよるが、これから海外に出る場合は、まずは延長化からスタートし、徐々に修正から現地開発、そして再度世界的視野でマーケティングを見直すというのが最も現実的ではないだろうか。

筆者が考える複合化戦略には［表6-2］のようなものがある。現実の企業戦略においては、どれかに力点を置きながら複数の方策を探っていく。

表 6-2 ★複合化の諸方策

方策	特徴
ハイブリッド方策	マーケティング・ミックス(4P)の各要素を世界標準化したり現地適合化したりする。例えば、ブランドや製品主機能は世界標準化するが広告表現や小売価格などは現地適合化する。広告の中でも主題は世界標準化し、表現や音楽、キャラクターなどは現地適合化する。
複数パターン方策	世界で活用する製品や広告について複数のパターンを用意し、各国子会社にそのいずれかを選ばせる。各国子会社はあるパターンを全面的に採用してもよいし、一部を変更してもよい。基本パターンは本社発の場合もあれば、子会社発の場合もある。
共通要素方策	中核となる要素は世界標準化し、周辺部分を現地適合化する。自動車の場合、プラットフォームを世界標準化しボディや内装を現地適合化する。パソコンやスマートフォンのような電子機器では、モジュール(部品集合体)を世界標準化し、それらの組み合わせで現地適合化する。
共通分母方策	STP の考え方で、各国市場を市場細分化し、それぞれのセグメントを繋ぐことで規模の経済を獲得する。ベンツSクラスのような最高級セグメント志向やワンドア冷蔵庫のようなベルトセグメント志向、キムチや納豆のような特殊セグメント志向などがある。
SCM 方策	SCM（サプライチェーン・マネジメント)は、バリューチェーン全体を管理することによって、在庫を極小化しつつリードタイムを短縮化することを目的とする。「延期と投機」を効果的に組み合わせ、市場ニーズの変化に対して柔軟かつ適切に対応する。

資料：筆者作成。

第6章

Chapter

point

- 世界標準化と現地適合化は二者択一でなく長所を融合させて複合化を図る
- 複合化のバランスは企業や時代によっても異なる
- 基本は国内で成功したものを海外に出し現地のニーズに合わせて修正

第7章 Chapter
実際にビジネスを動かす「人」を育てる

キーワード

グローバルな人材の育成
コーポレート・ガバナンス
エバンジェリスト
現地従業員のマネジメント

海外において事業を展開していくとき、重要となるのはやはり「人」である。本章では、現地での核となるリーダー育成の事例を、建設機械で有名なコマツと、小売事業を展開するイトーヨーカ堂の2社について取り上げる。

はじめに

海外に進出して、実際に事業を行うとなると、当然、日本から人を派遣したり、現地で従業員を雇用したりする必要が出てくる。そうした中でも特に、現地で中核となる経営層やリーダーをどう育成していくかは非常に重要な問題である。

日本企業では、海外現地法人の社長は日本人である場合が多いのに対して、欧米企業の場合、現地人や第三国人であるケースが多い。そのことに対して、日本は経営を現地に任せていないので遅れている、といった言い方をされることがあるが、これは極めて皮相的な見方ではないだろうか。現実的には産業によっても、また会社の歴史によっても、そう一律単純に決めつけられるものではない。

おそらく将来的には、国籍に関係なく優れた人材を登用するという形になっていくだろう。欧米のグローバル企業の場合は、すでに本社のトップは国籍に関係なく就いていて、現地法人も同様である。しかし、日本企業の場合、国内ではトップのほとんどが日本人であるのに、現地だけが多国籍ということにはならない。やはり今の段階では、海外を担える日本人とローカル（ナショナル）人材の両方の育成を手がけていく必要がある。では、そうした人材をどのように育成すべきなのか、考えていく。

ケース 11

コマツの事例

コマツウェイを浸透させ、マネジメント層の現地化を推進

コマツでは「コマツウェイ」という全世界共通の価値観を中心に、
グローバルな人材の育成を図り、社員や組織の活性化につなげようとしている。
コマツウェイとはコマツの強みを具現化するために、
世界中のコマツグループ社員が共有すべき価値観を明文化したものである。

1 経営を現地化し、日本人駐在員はナンバー2としてサポート

1921年に創立され、建設・鉱山機械分野での国際的なリーダーとしての地位を確立する一方、ユーティリティ（小型機械）、林業機械、産業機械や物流、サービス関連事業などの分野においても、幅広い商品・サービスを提供しているコマツ（社名・小松製作所）。同社では、「世界に通用する技術を生み出し、世界を相手に勝負する」という創業の精神があり、これが現在も「品質第一」「技術革新」「海外への雄飛」「人材育成」をキーワードに受け継がれており、企業としての強みとなっている。

海外展開に関しては日本企業の先駆け的存在で、1955年にアルゼンチン向けに建機輸出をスタートしたのを皮切りに、輸出を徐々に拡大。1967年には初の海外現地法人をベルギーに設立した。海外生産が始まったのは1973年のブラジルからで、80年代以降は海外生産を本格化させた。その後、特に90年代あたりからは経営のグローバル化を進めており、2006年には全世界共通の価値観「コマツウェイ」を制定した（2011年改訂）。また、海外ナショナル社員による現地のマネジメント強化を進めて現在に至っている。なお、2015年度の実績では、連結子会社141社のうち125社が海外子会社、連結従業員

4万7017人で、社員のうち57%は外国人が占めている［図7‐1］。

コマツウェイについてもう少し詳しく説明しておくと、これはコマツの強みを具現化するために、世界中のコマツグループ社員が共有すべき価値観を明文化したものである。コマツはこのコマツウェイの教育・浸透を通じてグローバルな人材の育成を図り、社員や組織の活性化につなげようとしており、コーポレート・ガバナンス[★1]を充実させるための「トップマネジメント

図 7-1 ★コマツの概要（2015 年度実績）

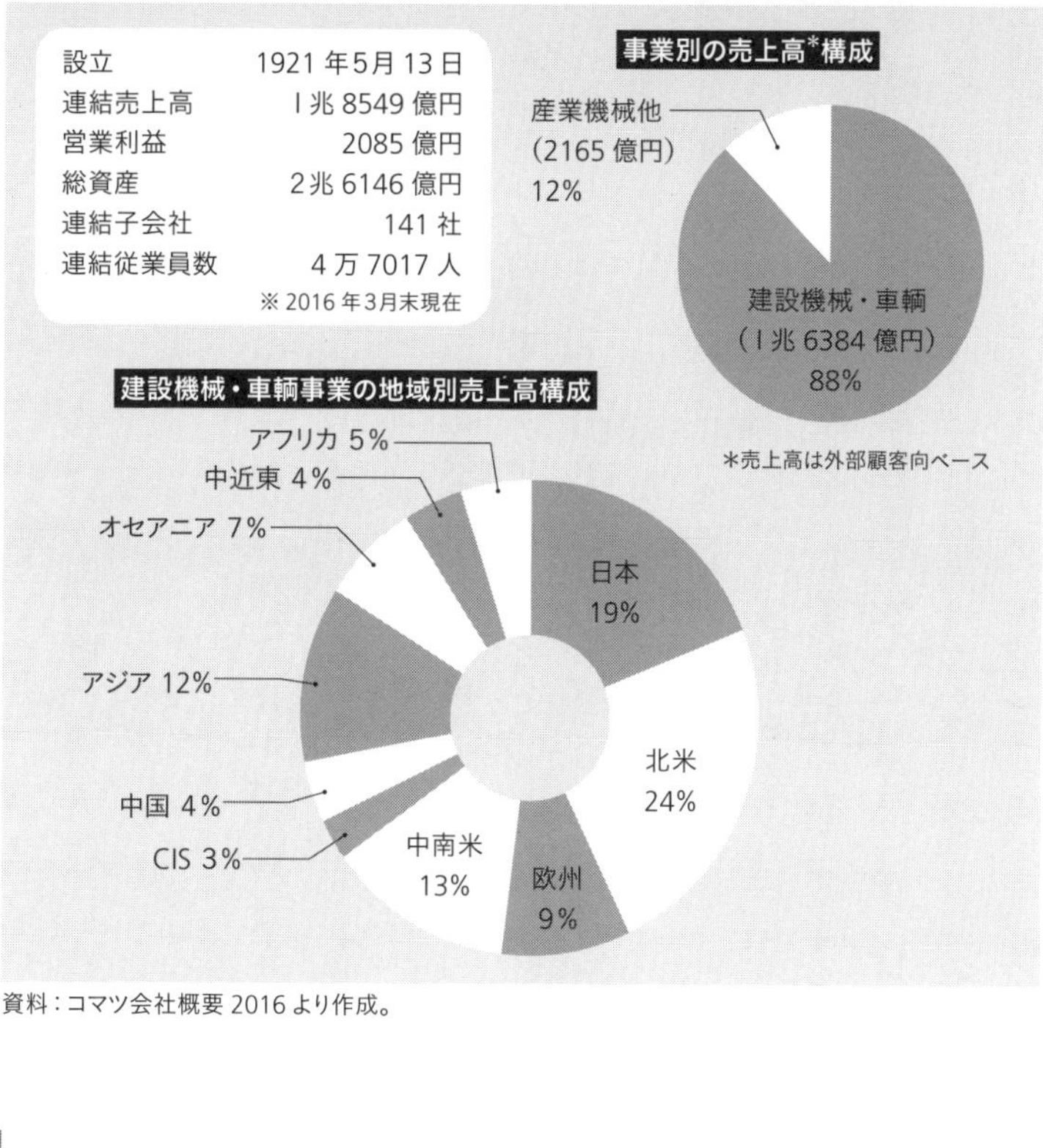

資料：コマツ会社概要 2016 より作成。

編」、モノづくり競争力強化のための「全社員共通編（モノ作り編）」、それに「ブランドマネジメント編」がある。日本語版のほか、各国語に翻訳された12カ国語版が作成されている。

日本国籍のグローバル企業という考え方

コマツは自社を日本国籍のグローバル企業と位置づけており、グローバル司令塔（本社）の機能は日本が担うという考え方である。海外については、顧客への密着を図るため、経営を分権化し、マネジメント層の現地化を推進している、すでにほとんどの主要な現地法人のトップは、コマツウェイを十分に理解した現地採用の生え抜きである、優秀な人材を登用し、日本人駐在員はナンバー2として、現地トップのサポート役を務めるという形になっている。

海外現地法人トップの育成施策の一例としては、２００６年度から「グローバルマネジメントセミナー」を開催している。現地法人の経営幹部に対し、コマツの経営方針、コマツウェイ、事業戦略等の説明と討論を行うもので、２０１５年度は9カ国11人の現地法人幹部が参加した。これにより、コマツの歴史や生産・マーケティング・開発の考え方を通じてコマツウェイを理解し、参加者自身が「自分の言葉」で語れることを目指している。また、日本人社員を含めて、グローバルで活躍できる経営幹部候補を育成するための選抜研修として、グローバルマネジメント研修も実施している。選抜対象は日本国内の若手部長クラスおよび現法トップ層で、毎年10人程度を短期間の海外ビジネススクールに派遣している。

なお、２０１６年4月からは、「グローバルオフィサー制度」を設けて主要な現地法人トップをグローバルオフィサーとし、そのうち14人を執行役員に任命するなど、コマツではグローバルマネジメントをさらに推進していこうとしている。

★1―企業の不正行為を防ぐために、株主や従業員、顧客、取引先などが企業の活動を監視する仕組みのこと。「企業統治」と訳される。

【ケース解説――ここが重要】

Point 1

ナショナル人材を育成して経営を任せる

海外人材を育成していくには、一般的には、まずは海外駐在要員などの日本人人材の育成からスタートして、徐々に現地採用のナショナル人材の育成に進み、ナショナル人材が育ってきたところでその人たちに経営を任せていくといった手順を踏んでいくことが想定される。コマツは早い時期からグローバル人材教育に力を注ぎ、まさにこの手順でグローバル人材育成を図ってきた企業である［図7-2（→p.184）］。

その結果、事例にあるように経営の分権化、現地化を進めてきている。

なお、近年の日本企業においては、グローバル人事戦略の一環として、管理職以上については世界共通の格付けをする〝グレイディング〟を導入する企業が増えている。グレイディングを実施することで、例えばインドネシアの現地法人の部長が台湾の責任者になるとか、本社の企画部門に来るというふうに、全世界での異動・人材の活用をスムーズにできるようになる。コマツの場合は、人事の基本はディセントラリゼーション（分権化）であり、グローバルに人材を異動するよりは、各地域において人材を育てて、経営を現地化することに重きを置いている。

グレイディングに着手している企業でも、現段階ではアジアの中での異動が若干見られる程度だが、海外の大手グローバル企業では、特に経営幹部候補については、すでに全世界での異動を経験させながら育成していくというスタイルが当たり前になっており、コマツも含めて、今後はこうした形での人材育成が必要になると思われる。

Point 2
全世界でコマツウェイの共有・浸透を図る

グローバル人材を育成していく上でまず大前提となるのが、企業理念の浸透である。これはコマツに限らず、どの企業にも当てはまることだ。まずは日本人であれ、現地人であれ、あるいは第三国人であれ、企業理念や企業文化を浸透させる。アカデミックな言い方をすれば、〝社会化〟が、非常に重要である。

企業理念の浸透ということで考えると、日本企業が意識的にこれをやり始めたのは、2000年前後からと言える。なぜなら、「トヨタウェイ」や「花王ウェイ」といった「○○ウェイ」、つまり全社共通の価値観のようなものが日本企業でつくられるようになったのが、ちょうどそのころだからである。遅いところでは、ここ5~6年でつくったという企業もあるだろうし、さらに、それを普及させていくにはもう少し時間がかかる。

ちなみに外資系企業には、「エバンジェリスト」という役職がある。自分たちの企業の経営理念を普及させるのが使命で、グループ会社を含めて全世界を回りながら、対外的には広報活動を行い、社内的には経営理念や方向性等を広めていく。役職的にはかなり上の層が担当する。このエバンジェリストの活動等を通じて、現地法人との理念の共有ができていると、本社の大きな方向性や考え方がわかっているので、現地にある程度経営を任せやすくなる。すると、前章で説明した現地適合化もやりやすくなるわけだ。そう考えると、人材育成も

図 7-2 ★グローバル化と人材育成の歩み

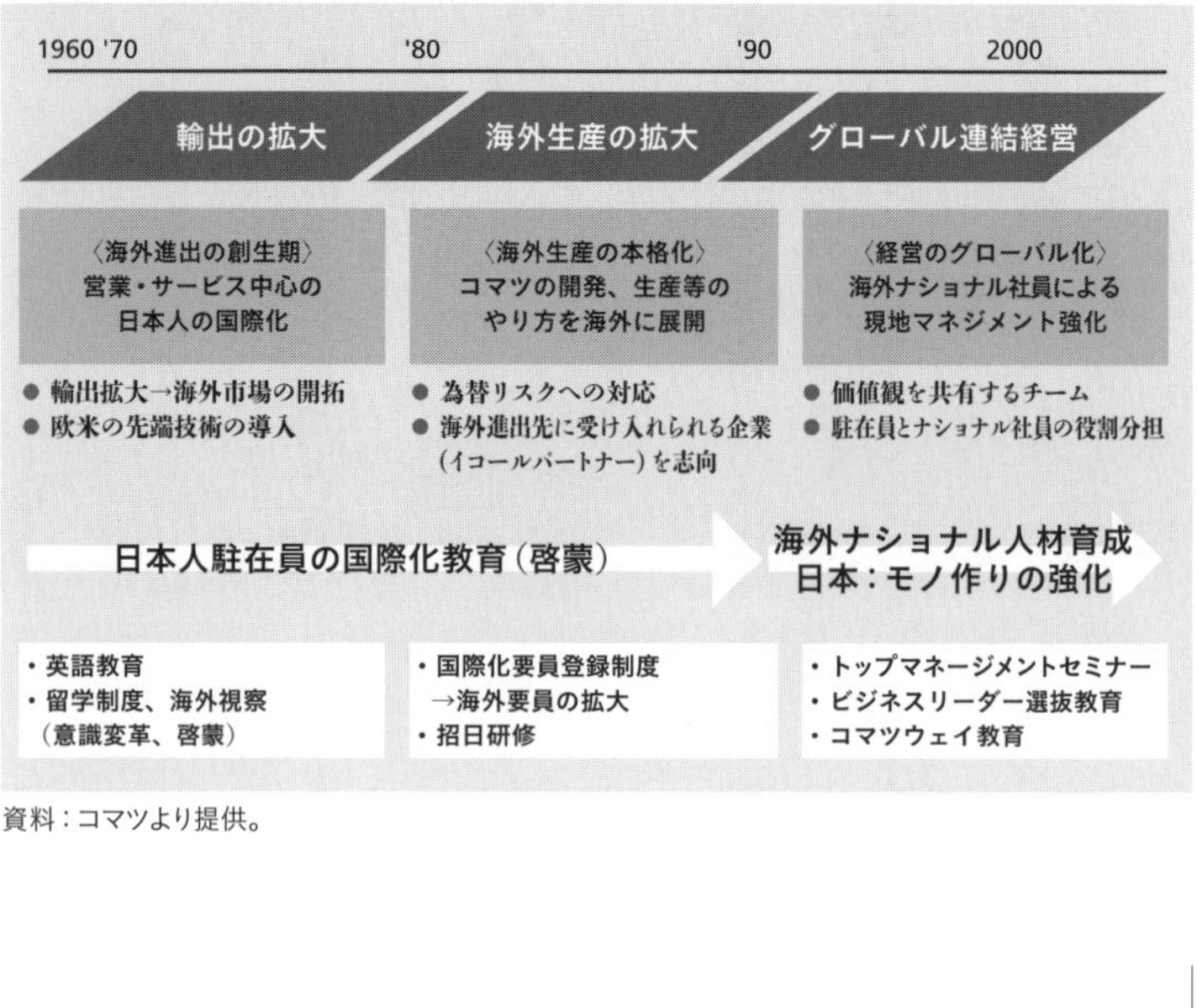

資料:コマツより提供。

経営そのものであり、非常に重要だということが改めて理解できるだろう。

コマツの場合は、2006年に明文化したコマツウェイを前面に押し出して、グローバルでの浸透に力を注いできた。それも、実は表面的な理念の浸透ではなく、いわば血肉の通った一体化が図られているのが大きな特徴だ［図7-3］。

サプライチェーン全体が仲間や家族

例えば筆者が中国の徐州にあるコマツの現地法人を初めて訪ねたときは、中国全体の景気が減速し、コマツの売り上げも低迷していた時期だった。そのときには1週間のうち数日しか工場が稼働しない日も出ていた。しかし、コマツはそのときにも従業員を解雇せず、稼働していない日は従業員研修を実施する。それによりコストを切り詰めながら、品質の向上を実現していこうとしていた。ディーラーに対しても同様で、モノが売れないからディーラーも非常に厳しいが、基本的にはディーラーも守り、同じ時期にディーラー向けの研修

図7-3★コマツウェイとは

コマツウェイ：グローバルにここだけは守り続けたい、人が変わっても脈々と受け継いで欲しいという先輩が築き上げてきた成功・失敗の経験・強さを支える価値観、心構え、行動基準（Value,Mindset&Patterns of Behavior）

- コマツの強みを具現化するために、世界中のコマツグループ社員が共有すべき価値観を明文化（2006年、2011年に改訂［第2版］）
- コマツウェイの教育・浸透を通じて、全社員の改善能力を向上させ、全世界のコマツグループの社員や組織を活性化する（グローバルな人材育成）

資料：コマツより提供。

も行っていた。もちろん、もっと厳しい時期にはそこまではできないにしても、これがコマツのやり方だというのである。

そもそも、コマツには、全世界の従業員はもちろん、いわゆるサプライチェーン全体が、仲間や家族のような形で一丸となっていくという企業風土がある。また、前述の中国におけるディーラーシステムでも、コマツの場合は1省1代理店制で、テリトリー制を敷いて同じ省内には他のディーラーはつくらないようにしている。このように単なる表面的な理念だけでなく、ビジネス面でもウィンウィンの関係を培っている。いくらコマツウェイの浸透が進められているといっても、きれいごとを言うだけで、例えば会社の調子が悪くなると、ディーラーの首を切ったり、在庫を押しつけたりでは、従業員もそんなものだと思って社内やサプライチェーン全体は荒れてくる。人材育成というと集合研修などでの教育を連想しがちだが、コマツのように日々のビジネスを通して、ステークホルダー全体の一体感を醸成していくのも、効果的な人材育成策と言えるだろう。

Point 3 一芸に秀でたプロを育てれば、国際的にも通用する

コマツのグローバル教育や研修の特徴として、国内外をあまり分けて考えていないという

点が挙げられる。基軸となっているのは、坂根正弘（現・相談役特別顧問）が社長時代に標榜するようになった「ダントツ経営」の考え方で、開発部門なら開発、生産技術部門なら生産技術、営業部門なら営業というふうに一芸に秀でることを強く志向しているように見える。コマツのグローバル人事の担当者の言葉を借りれば、「プロフェッショナルは世界に通用する」、すなわち、例えば営業の社員であれば、営業の能力を培っておけば、基本的にはどこの国でも通用するというわけで、これは一つの立派なグローバル人材育成の考え方である。ちなみに、こうした考え方が根底にあるからこそ、コマツでは人事異動も少なく、ほとんどは同一事業部内での異動にとどまっている。

海外での人材育成や人事評価も、原則はまったく同じである。だから、例えば徐州の開発センターの社長は中国人だが、彼は非常に優れた技術知識・スキルの持ち主であり、そこが認められて今の地位に就いているのだ。

少し前章と絡めて話をすると、コマツというのは事業に関しては、世界標準化と現地適合化のバランスで言えば、建機業界の中でも世界標準化の強い会社である。製品について言えば、基幹部品はコスト高にはなるが、すべて国内でつくり、現地で組み立てをする。回りの付属品的なものなど、一部若干の修正を加えて現地適合化はするものの、あくまでも基本は世界標準化製品なのである。実は人材育成や人事のあり方についても、同様に世界標準化が強いという傾向が出ていると言える。

ケース 12

イトーヨーカ堂の事例

ゼロからの人材育成で
中国において外資系で最も成功した小売業に

イトーヨーカ堂の事例では、中国での成功例を紹介する。
文化の違う中国において、きちんと自社の理念を理解してもらい、
透明性の高い企業風土をつくりあげたその仕組みとは。

1 「お客様の感動」に全従業員の意識を向けて成功

セブン＆アイ・ホールディングスのグループの中核会社で、大手総合スーパーを運営するイトーヨーカ堂。イトーヨーカ堂の初めての海外展開として、中国に進出したのは１９９６年のことである。４月に中国国務院から外資系企業として初めて中国全土での店舗展開を認められ、12月には四川省成都市からの要請を受けて「成都イトーヨーカ堂有限公司」を設立した。そして翌97年11月には成都市内に中国１号店となる「春熙店」をオープンし、その後成都に次々と新たな大型店を開設し、現在６店舗を展開（中国ではほかに北京に2店舗）している。成都のイトーヨーカ堂は、１店舗当たり売り上げでは中国進出主要外資系小売業の中でもトップレベルで、特に2号店に当たる２００３年９月オープンの双楠店は、日本と中国にあるイトーヨーカ堂全店舗の中で売り上げトップを記録するなど、大成功を収めている。

また、中国出店以来、「中国人の、中国人による、中国人のための店舗」を目指して積極的に現地の従業員を登用。成都イトーヨーカ堂では、全店長ポストに中国人従業員を登用し、役員を除く管理職に占める中国人従業員の割合は、85・４％となっている。同時に女性の登用も進んでおり、役員を除く女性管理職の比率は55・１％である（数字はいずれも２０１５年12

月末現在)。

ただし、ここに至るまでの道のりは、苦難の連続だった。1996年当時の中国事業は、まさにゼロからのスタートであった。中でも文化の違いにより苦しんだのが、人の問題、すなわち中国人従業員のマネジメントや人材育成である。

中国では、店舗の店員でも、あいさつはおろか、客に笑顔を見せるという習慣がない。そういう中で多数の退職者を出しながらも、あいさつ等の基本のマナーを教えることから始めて、少しずつ教育を進めていった。

こうした基本マナーの徹底と並行して、最初に力を入れたのが、経営理念の浸透である。イトーヨーカ堂は「お客様に信頼される誠実な企業でありたい」「取引先、株主、地域社会に信頼される誠実な企業でありたい」「社員に信頼

図 7-4★成都イトーヨーカ堂の経営理念

- お客様に信頼される誠実な企業でありたい
- 取引先、株主、地域社会に信頼される誠実な企業でありたい
- 社員に信頼される誠実な企業でありたい

マーケティング方針
- 各事業分野において、競合他社よりも優れ、お客様に奉仕することを目指す。
- 価値ある商品とサービスを提供するために全力を注ぐ。

お客様第一主義

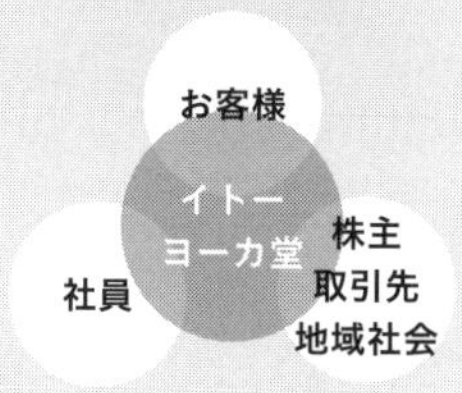

四つの追求

Ⅰ.卓越性　Ⅱ.品質　Ⅲ.革新　Ⅳ.価値

＊四つの追求を通して、お客様により信頼される店舗を実現していく

資料：イトーヨーカ堂より提供。

される誠実な企業でありたい」という理念の下、お客様第一主義を掲げて事業を営んでおり、『卓越性、品質、革新、価値』の4つの追求を通して、お客さまにより信頼される店舗を実現していく」ことを目指している［図7-4（→p.191）］。

現地の従業員に理念を浸透させる

理念の浸透のために、特に2005年以降は、事業面の成長と併せて、「IYらしさの追求」「IYブランドの確立」「優良企業としての確立」の3ステージで、経営理念や戦略方針を具体的に従業員が実践できるような仕組み化の取り組みも行っていった。例えば、2005年から2006年にかけて、「感動する商品、売場」「感激する接客、サービス」「感謝する礼節、心情」という「三感」の実践に取り組み、創意工夫の大切さなどを伝えた。

また、理念が浸透してきた後には、信賞必罰を徹底していった。成功の定義、具体的な目標（ゴール）を明確にした上で、責任を明確化し、評価やインセンティブにつなげる仕組みを構築していったのである。

このほか、より具体的な人材育成策としては、現地従業員のやる気を引き出し、能力を最大限発揮できるように研修制度を整備するとともに、各種コンクールや表彰制度を導入した。特に2008年以降は、接客や販売促進・コスト削減・環境改善などの視点から個人や部単位で事例報告をし、優れた事例を表彰する「成果発表会」、業務改善の提案・発表を行う「業務改善提案」、売上金額の伸びなどを競う「技能コンテスト」等を開催。2015年4月には、社員の自主性を尊重し、その意欲にこたえるために、希望職種に自己推薦ができる「自己推薦制度」も導入している。

また、従業員のモチベーション・集中力・団結力をアップさせて、一体感を醸成するため、2011年からは毎年、全従業員および全テナント従業員が参加する運動会も開催している。

こうした長年の育成策が実を結び、最初に触れたように現在、成都のイトーヨーカ堂は、人材も成長し、事業も大成功した［図7-5］。なお、現在のイトーヨーカ堂常務執行役員中国総代表である三枝富博★2は2008年12

図 7-5 ★成都イトーヨーカ堂の取り組み

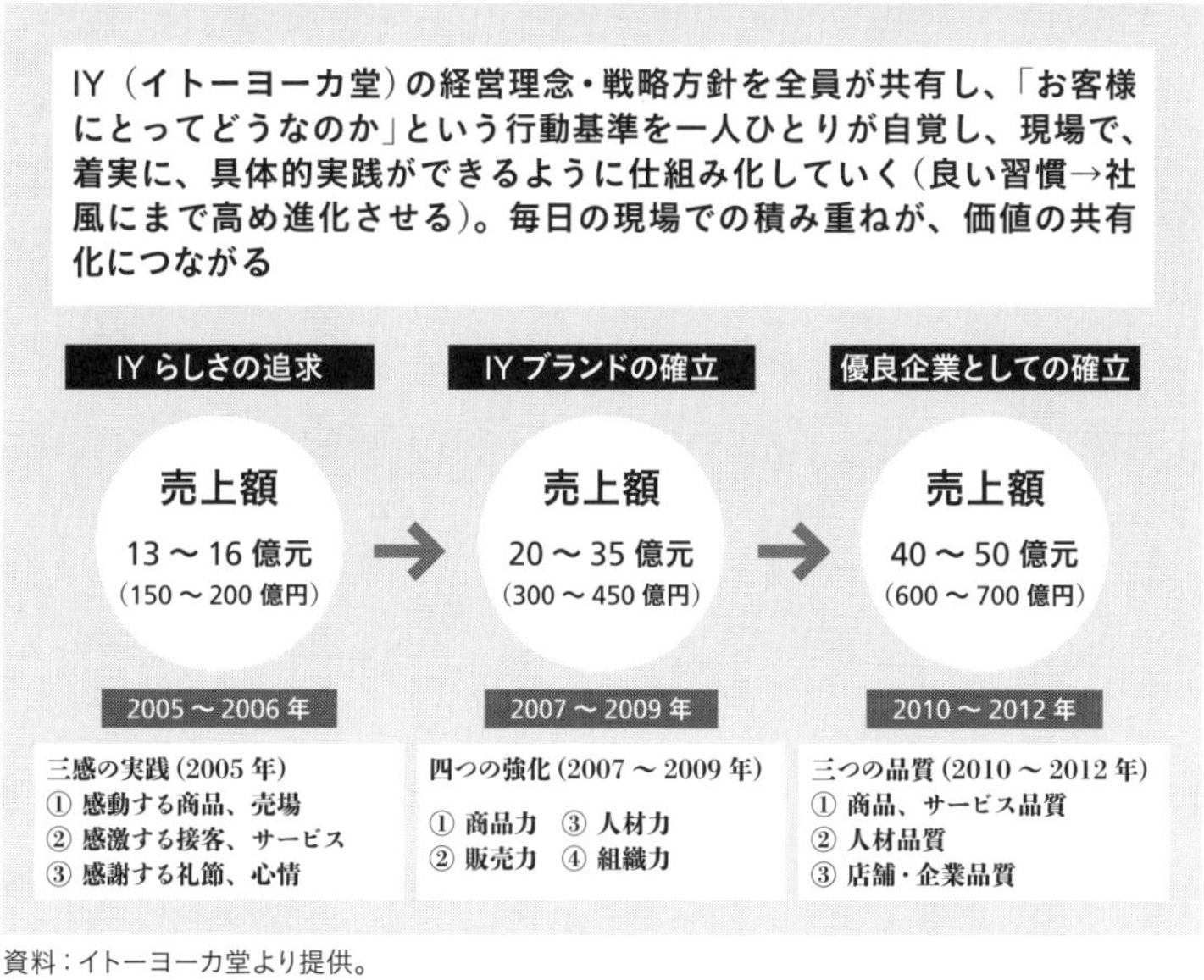

資料：イトーヨーカ堂より提供。

月、中国国務省から「流通分野の改革開放に貢献した功労者」に選出された。30人のうち、外国人は三枝ただ一人であった。２０１２年10月には、中国チェーンストア協会理事に日本人として初めて選ばれている。それらは三枝個人に贈られたものであると同時に、共に苦労して中国にイトーヨーカ堂を根付かせた日本人同僚と現地人スタッフ一同に贈られたものであると言える。２０１４年、三枝に対して、日本人民間企業経営者として初の「成都市栄誉市民」の称号が贈られている。

★２―２０１７年３月１日付でイトーヨーカ堂社長に就任することが発表された。

【ケース解説――ここが重要】

Point 1

理念の浸透、規定の明確化、透明性を前提に信賞必罰を徹底

成都イトーヨーカ堂の創業時は、接客サービスや販売手法について、前章で触れた日本のやり方の延長化からスタートしたと言えるが、文化や慣習の違いが影響して中国人従業員はなかなか理解できない。そもそも基本的な接客マナーを根づかせるのが容易ではなく、例えば、頭を下げて「いらっしゃいませ」と言えない。また、顧客からクレームがあっても謝るということができなかった。そういう中で、日本の接客マナーを教え込んでいくのには大変苦労したわけである［図7-6（→p.196）］。

現地従業員を育成・マネジメントしていくためにさまざまな取り組みを行っていったが、その中でも特筆すべきは、「信賞必罰」である。

信賞必罰の仕組みを取り入れるにあたり、前提としたことは以下の3つである。

第一に、経営理念あるいは自分たちが目指しているもの、この会社が進むべき方向などを明確にすること。第二に、規定の明確化である。例えば、この資格を取得すると給料はいく

らになり、ポジションはどうなるといった規定を明文化する。そして第三に、透明性、すなわち情報などがオープンであるということ。規定はあっても、例えばそれを決めているのが経営トップなど一部の層だけで、裏で決められているような形では、現地の従業員にはなかなか納得してもらえない。国内であれば雰囲気で通じるものも、海外では通じないことが多く、特にこの透明性は、現地従業員のマネジメントにおいて非常に重要である。

例えば、実際に現地法人の従業員にインタビューしてみると、日本から送られてくるファクスが嫌だという従業員がいる。なぜなら、日本語なので、何が書いてあるのかがわからない。ひょっとしたらリストラのことが書いてあるのかもしれないなどと、

図 7-6 ★朝一番のお客さまのお出迎え風景

資料：イトーヨーカ堂より提供。

疑心暗鬼になるというのだ。現地法人のトップが、これにはこういうことが書いてあると従業員にわかりやすく説明すれば問題ないが、そういうことをせず、日本人従業員だけでこれは大したことではないから説明もいらないと放置しておくと、現地従業員の不信感につながり、重大な問題にもなりかねない。

このような3つの前提のもと、信賞必罰を行うことが重要である。

理念を明確にする

人事評価においても、やはり透明性は不可欠である。欧米で実施しているような360度評価のようなものが実施できれば理想的だが、そこまで行うのが難しいとしても、上司、あるいは人事だけが評価をするのではなく、複数の目で見て、きちんと規定に合った透明性が担保されることが強く求められる。

成都でも当初は、いろいろなことがあった。当時、買い物に来る中国の客は、ごみを平気で店内の通路に投げ捨てる。従業員にそれを拾えと命じても、「いや、自分の仕事ではない」と言う。そのときには、日本人の幹部が率先して拾って手本を見せながら教育していくようにした。しかし、一度それをやって見せても、自分たちもやろうというふうにはならない。また、店内で商品が盗まれるが、一番盗んでいるのは従業員というありさまであった。そういうことに対する信賞必罰はもちろんだが、ただ単に信賞必罰を徹底するのではなく、してはいけないこと、あるいは称賛すべきことは、それがなぜよいことなのか、また悪いことなのかを、理念を明確にし、規定を明文化し、透明性の確保にも気を配りながら、説明して納得させるように努めた。

最終的に三枝は「お客さまの感動」「お客さまの満足」をゴールの中心に置き、それをどう作り上げていくかというところに全従業員の意識を向けていくようにした。その中で、事例にあるような各種の表彰制度や運動会なども活用して従業員の一体化を図りながら、よいことをした人は給料も上がるし、出世もしていくといった信賞必罰の仕組みを、長年かけて築き上げていったのである。

Point 2 海外のトップには、その国を好きになる人を選ぶ

三枝たちの苦労は並大抵のものではなかったと思うが、三枝に限らず、世界各国の現地法人の経営を成功させた日本人経営者には、皆、共通しているところがある。

それは第一に、その国、あるいはその国の人を好きになっているということだ。だから、彼らは、「なぜこんなに日本と違うのか」とか、「何でこの国の人間は礼儀を知らないのか」といった考え方は持たない。もちろん、自分たちの考え方や行動パターンがそのままでは通

じないので、大いに悩みはするのだが、基本的にはその国を好きになるし、違いがあっても何とかしようという熱いパッションがある。

2つ目に、性格が根本的には明るく、ポジティブ・シンキングで、人間的な魅力がある。例えば三枝の場合でも、経営に対しては非常に厳しい。現場で見ていると、三枝はものの言い方こそ非常にソフトだが、店内をいつも見回っていて、店員に対しても必要があれば厳しく注意している。ただし、そうしても反感を買わないのは、やはり三枝という人間に対する従業員等の信頼が絶大だからで、そこには彼の個人的な魅力も大いに影響しているのである。

また、結果的に言うと、業種や会社にもよるが、現地法人で成功している経営者は、筆者の見る限り短くて7～8年、大体10年くらい続けている人である。実際問題として、社長が2～3年で交代するようでは、なかなかうまくいかない。

従って、言い方を変えれば、会社としては、海外現地法人のトップには、ここまで挙げたような条件を満たす人を据えるのが望ましいのだ。もちろんビジネス能力、専門知識は必要だが、海外の場合、それだけでは足りない。筆者は、「グローバル人材とはどういう人材か？」と聞かれたら、必ず「どこでも寝られて何でも食べられて誰とでも話せる、精神的にも肉体的にもタフな人間」だと答えることにしている。もちろん現地でのコミュニケーションは大切だし、そのためには語学力も必要だ。しかし、極端に言えば語学は現地に行ってからでも身につけられる。人間的魅力、あるいはタフであるといった個人的資質は容易につくられるものではないので、そういう人を選んで海外に出すようにしなければいけないのである。

人材育成に際しては、特にリーダーの場合、選ぶということも非常に大切だ。今、大企業を中心に多くの企業では、経営者候補を早期に選抜して特殊な教育を施していくというスタイルが一般的になりつつあるが、先ほどのコマツの事例にもあったように、海外のトップについても、そうした教育研修は増えていくだろう。その際には、国籍に関係なく、タフでポジティブ・シンキングができてその国のことを好きになるといったところも基準に加えて、適性を見極めて選抜することが必要と言える。

［まとめ］

理念を共有した上で一体感の醸成を図る

ここで取り上げたコマツやイトーヨーカ堂でも実践していることであるが、海外人材、特にローカル（ナショナル）人材の育成では、まず理念を共有する。その上で、非金銭的な報酬により、一体感を醸成していくことが大切だ。

海外ではほとんどの国で離職率が高く、とりわけホワイトカラー層は非常に転職が多いのは事実である。しかも従業員は皆わりきった考え方をもっており、給料やボーナスなどの金額だけですぐに会社を移っていくというイメージがある。だからと言って、金銭的報酬だけで従業員をつなぎとめようとしても、なかなかうまくいかない。もしも自社よりもほかにもっと高い報酬を出す会社が現われたら、すぐに移ってしまう可能性が高いからだ。

そう考えると、優秀なローカル人材を引き留めていくためには、まずは研修などを通してその会社の理念を浸透させ、それに共鳴してもらえる人材を育てる。そして、金銭的報酬ももちろん必要だが、それ以外の例えば表彰制度のような非金銭的報酬をうまく活用して、ローカル人材のモチベーションをアップさせる。これが、最も効果的なのである。

第7章 Chapter

point

- 日本人人材育成し
最終的には
ローカル人材に経営を任せる

- 理念の浸透と規定の明確化
透明性を前提にして
信賞必罰を徹底

- 海外のトップには
ポジティブ・シンキングで
その国を好きになる人を選ぶ

現地で愛され、支持されるために

Chapter 第8章

キーワード

ブランディング
サステナビリティ
グローバルブランド
社会貢献活動
カニバリゼーション
ブランド・コミュニケーション

自社のブランドを構築して高めていく、「ブランディング」は、世界でビジネスを展開する企業において、重要な戦略の一つである。本章では、いくつもの有名ブランドをもつ、世界的な日用品メーカー「ユニリーバ」と、IT企業「IBM」の事例を解説していく。

——はじめに——

ブランドに注目が集まったのは、1980年代に米国で起こった第4次M＆Aブームがきっかけである。特に、ネスレがイギリスのラウントリーという菓子メーカーを買収したときに、有形資産の価値は15％程度に過ぎず、85％程度は無形資産、会計上の“のれん”だったというのが象徴的だった。この買収では、ラウントリーがヨーロッパのレストランでよく食事の後に出る「アフターエイト」というチョコレートや、日本でもおなじみの「キットカット」など、高名なブランドを持っていたことが評価された。

学問的には、このようなM＆Aが盛んに行われるという動きに触発されたデイヴィッド・アーカーが、ブランドについての研究をまとめ上げている。ブランドはマーケティングの一部とするそれまでの考え方から、「ブランドは経営の目的である」といった主張をしてブランド論を確立し、以降、学問の世界でも重要な研究テーマになっていった。

したがって、実質的には90年代以降にブランドへの関心は急速に高まったと言える。今ではどの企業にとってもブランドは企業戦略上とても重要で、ブランディングに非常に力を注いでいる。本章ではB to C企業（ユニリーバ）、B to B企業（IBM）の2つの異なるタイプの事例をもとに、解説していく。

ケース 13

ユニリーバの事例

成長とサステナビリティの両立で全世界にブランドをアピール

世界 190 カ国に製品を展開する
グローバル企業であるユニリーバ。
インドでのブランディング事例を中心に、
社会貢献をブランドとビジネスにつなげていく
ユニリーバのブランディングを追っていく。

1　世界最大級の日用品・食品メーカー

英国（ロンドン）とオランダ（ロッテルダム）に本社を置き、世界最大級の日用品・食品メーカーとして知られるユニリーバ。１８８４年に創業され、現在、世界１９０カ国に製品を展開する、総売上高５３３億ユーロのグローバル企業である。大きくは、パーソナルケア（ヘアケア、スキンケア、オーラルケア、デオドラントなど）、ホームケア（住居用洗剤、衣料用洗剤など）、食品（調味料、ドレッシング、スプレッドなど）、リフレッシュメント（飲料、アイスクリーム）の４つのカテゴリーで事業を展開しており、事業構成比はパーソナルケアが38・０％、ホームケアが19・０％、食品が24・０％、リフレッシュメントが19・０％となっている。ブランドとしては世界全体で約４００を展開し、そのうち「Ｄｏｖｅ（ダヴ）」や「ＬＵＸ（ラックス）」をはじめとする13ブランドが売上高10億ユーロを超えるメガブランドである。ちなみに日本市場には１９６４年から参入しており、現在パーソナルケアを中心に14ブランドを展開している（数字はいずれも２０１５年12月末時点）。

ユニリーバのビジネスで特徴的なのは、成長とサステナビリティ[★1]の両立である。ビジネスの成長を目指すが、そのために人々や環境を犠牲にすることは許されず、持続可能という考え方を明確に打ち出して、ビジネスモデルの中核に「ユニリーバ・サステナブル・リビング・プラン（USLP）」を掲げている。これは環境負荷を減らし、社会に貢献しながら、成長を実現する方法を示すプランで、「10億人以上のすこやかな暮らしを支援する」「製品ライフサイクルからの環境負荷を半減する」「原材料となる農産物すべてで持続可能な調達を実現し、バリューチェーンにかかわる人々の暮らしを向上させる」という3つの大きな目標がある。

インドにおける石鹸ブランドの展開

ブランドの構築も、このUSLPに沿って行われている。全世界でさまざまな取り組みをしているが、一例としてインドでの「Lifebuoy（ライフボーイ）」のケースを紹介しておこう。ライフボーイは1894年に英国で生まれ、誕生当初から衛生・健康に注力してきた石鹸ブランドだ。もともとインドでは人口約11億人のうち7億人が農村に住み、不衛生な環境・生活習慣から、30秒に1人の割合で5歳以下の子供が命を落としているという状況があった。そうした中でユニリーバは、石鹸での手洗いが子供たちの命を守る効果的な手段と捉え、ライフボーイの農村部への普及を目指すことにした。ただし、インドの農村に住む人はほとんどが貧困層で1日に使える金額は日本円で200円未満。都市部で売られている

★1—sustainability、持続可能性のこと。

石鹸は高くて使えない。また、生活習慣として石鹸を使わず、水や灰で洗うだけで、石鹸の効能も知らない。しかも、農村には店舗がない上、テレビ・ラジオも普及していないので、製品の良さや正しい使い方を広告で伝えられ得ないといった難点があった。

そこで、まず製品に関しては、1回使い切りの小分けパック「サシェ」を開発し、1個1ルピー（約2・5円）で買えるようにした。一方、毎日使う習慣づくりのために「ライフボーイ・スワチャテトナ」を実施。これは紙芝居をはじめ、楽しくわかりやすい教材を使って、農村の子供たちに石鹸を使った正しい手洗いの大切さを教える授業で、そこから家族への波及効果も狙ったものだ。このライフボーイ・スワ

図 8-1 ★インドのユニリーバがしていること

サシェ

- 石鹸を1回使いきりの小分けパックに
- 1個1ルピー（約 2.5 円）で買えるようにした
  →インドで大ヒット商品に
  シャンプーなどのサシェも発売

ライフボーイ・スワチャテトナ

- 農村の学校などで、石鹸で手を洗うことの大切さを伝える授業をした
  →インドの 4 万 4000 の村で 1 億 2000 万人が参加
  アジアの他の国々、アフリカ、ラテンアメリカにも活動を拡大

プロジェクト・シャクティ

- 農村部の女性に職業訓練・訪問販売をしていただく
- 売り上げの一部が女性たちのお給料に
  →インドの 16 万 2000 の村で 7 万人近くの女性が参加
  女性の自立や、農村の生活の向上にも貢献

資料：ユニリーバより提供。

チャテトナは、インドの4万4000の村で行われ、1億2000万人にメッセージを伝えた。そして販路開拓のために、「プロジェクト・シャクティ」の活動にも取り組んだ。これは農村の女性たちにビジネスの基礎を研修後、製品を訪問販売、もしくはキオスクで販売してもらうというものである。売り上げの一部が給料として女性たちに還元される。こちらは、16万2000の村で7万人近くの女性が参加し、女性の自立や農村の生活向上にも貢献した。結果として、ライフボーイのサシェはインドで大ヒット製品となり、シャンプーなどのサシェも販売されるようになっている［図8-1（→p.208）］。

また、ライフボーイ自体も、現在アジアを中心に展開し、インドやバングラデシュなど多くの国でナンバーワンブランドの地位にある。

【ケース解説――ここが重要】

Point 1 まずグローバルのメガブランドで地位を築く

ブランドイメージとは、簡単に言うと、消費者の頭の中につくられるイメージのことである。そのため、さまざまな広告やプロモーションが深く影響してくるということで、広告会社などがブランディングを担うケースも多い。しかし、ブランドに対するそうした見方はかなり表層的で、ブランドとはもっと根底的なものであると筆者は考えている。

例えばグローバルに考えてブランドがどのように構築されるかというと、第1章でも少し触れたように、日本製品は品質が良いというような国のブランドイメージがまずある。次に、経営品質というものがある。その企業が持っている理念や、さまざまな評判、経営者の態度、CSRなどだ。その次に、品質経営がある。一般的な製品やサービスの品質は、ここに該当する。これらをベースにして、その上にマーケティングが連なってくる。広告、チャネル、価格といったものが、ブランドに大きな影響を与えるのだ。

こういったものがすべて積み重なり、最終的に消費者の頭の中でイメージがつくり出されて、ブランドとなる。

ユニリーバのような日用品メーカーでは、多種多様なブランドを持つ。例えば、富裕層用、中間層用、低所得層用に分けたり、あるいは先進国のある程度豊かな人向けと、途上国の貧しい人向けに出す製品とを分けたり、変化させていくのである。ただし、単純に国で分けてそういう現地適合化をすればいいというものでもない。まずは、フラッグシップとなるグローバルブランドをしっかり持つことが大切なのだ。

核となるグローバルブランド

グローバルブランドが消費者に対して与える影響というのはいくつかあり、代表的なものを3つ挙げると、その一つは品質の証しである。品質経営のところで述べた品質は、物理的に品質がよいかどうかという「絶対品質」。これに対して、ここで言う品質は「知覚品質」、つまり、消費者の頭の中にできる品質のイメー

図 8-2 ★ユニリーバのグローバルブランド

- 世界全体で約 400 のブランドを展開
- そのうち 13 のブランドが売り上げが 10 億ユーロ（約 1200 億円）

売り上げ 10 億ユーロ以上のブランド

資料：ユニリーバより提供。

ジだ。グローバルに受容されているのだから、品質に間違いがないだろうというイメージを植えつけることができるわけである。

2つ目は社会性だ。特に昨今のようにCSRなどが重視されるようになってくると、そういう活動を積極的にしている企業の製品を買うことによって、自分たちは社会貢献もしているという消費者満足が形成されてくる。

そして3つ目が帰属意識である。これはいろいろな途上国での調査を見ると、かなり高いという結果が出ている。グローバルブランドを購入することによって、自分もグローバル市民の一員になったという帰属意識が働くのである。例えばスマートフォンであれば、機能的にはローカル製品でもほとんど変わらないかもしれないが、iPhoneを持っていると、カッコいいとか、クールだというふうに思うのは、グローバルな帰属意識がそこに働いているためと言える。

こうしたことから、成功しているグローバル企業の多くは、核となるグローバルブランドをしっかり持っていて、それを世界中に展開することによって消費者に認識させ、まずその地位を築き上げてきている。ユニリーバの場合は、約400あるブランドの中でも、「ダヴ」「ラックス」など13ブランドが年間売上高10億ユーロを超えるメガブランドとなっている［図8-2（→p.211）］。

Point 2

社会貢献をビジネスにつなげる

グローバルブランドの消費者に対する影響の一つとして、社会性を挙げたが、高い社会性を有し、社会貢献活動などを徹底しているのはユニリーバの大きな特徴だ［図8-3（→p.214）］。

事例としてインドでの活動を取り上げたが、特にプロジェクト・シャクティなどは有名である。これはグループ会社のヒンドゥスタン・ユニリーバ・リミテッド（HUL）が主体となっているのだが、筆者が数年前に計算してみたところ、当時のHULの営業利益率は、ユニリーバ本体の数字を上回っていた。もちろん、これは農村を対象としたBOPビジネスだけではなく、都市部の富裕層を対象にしたビジネスも含んでいるが、いずれにしてもユニリーバが、インド社会に広く受け入れられていることの証明であり、ユニリーバのブランド価値の向上にもつながっているのは間違いない。

欧米企業、特にユニリーバをはじめとするヨーロッパ企業は、社会貢献活動をして、しかもそれを戦略的に利用しながら自分たちのビジネスにつなげていくというやり方をしている。日本であれば、社会貢献をビジネスにつなげることに後ろめたさを感じるような考え方もあ

図 8-3 ★ユニリーバ・サステナブル・リビング・プラン

すこやかな暮らし

2020 年までに 10 億人以上がより衛生的・健康的な習慣を身につけられるよう支援します

●健康・衛生
2020 年までに 10 億人以上がより衛生的・健康的な習慣を身につけられるよう支援します。これにより、下痢などの命を脅かす病気の予防に貢献します。

●食
ユニリーバの全製品に関して引き続き味と栄養面での品質改善を進めます。製品のほとんどが国の栄養推奨事項に基づくベンチマークを満たすか、これを超えています。ユニリーバの達成目標はさらに高く設定されています。国際ガイドラインが定めた最も厳しい栄養基準を満たす製品の割合を 2020 年までに倍に引き上げます。これにより、数億人がより健康的な食生活を送れるようになります。

環境負荷の削減

ビジネスを成長させながら、製品の製造・使用から生じる環境負荷を 2030 年までに半減させることを目指します

●温室効果ガス
製品のライフサイクル：2030 年までに、製品のライフサイクル全体にわたって温室効果ガス（GHG）の負荷を半減させます。
製造部門：2020 年までに製品の生産量が大幅に増えても、工場からの CO_2 排出量を 2008 年と同等の水準、またはそれ以下に削減します。

●水
製品使用時：消費者の皆さまがユニリーバの製品を使う際の水使用量を 2020 年までに半減させます。
ユニリーバの製造部門：2020 年までに製品の生産量が大幅に増えても、世界中の工場ネットワークによる水の使用量を 2008 年と同等の水準、またはそれ以下に削減します。

●廃棄物
製品：2020 年までに、製品の廃棄に関連して生じる廃棄物を半減します。
ユニリーバの製造部門：2020 年までに製品の生産量が大幅に増えても、処理場へ送る廃棄物の総量を 2008 年と同等の水準またはそれ以下に削減します。

●持続可能な調達
2020 年までに、原材料となる農産物すべてで持続可能な調達を実現します。

経済発展

ビジネスを成長させながら、2020 年までに数百万人の暮らしの向上を支援します。

●人権・労働者の権利
2020 年までに自社事業と拡張されたサプライ・チェーン全体で人権を推進します。

●女性のための機会
2020 年までに 500 万人の女性のエンパワーメントを実現します。

●包括的なビジネス
2020 年までに 550 万人の生活を改善することを目指します。

資料：ユニリーバより提供。

るかもしれないが、決してそんなことはない。やはり企業である以上、利益を上げないといけないので、ビジネスという視点はある意味で不可欠だ。逆にCSRという部分だけで社会貢献を考えていると継続すら難しくなる恐れがある。企業全体にこうした活動が組み込まれていると、ビジネスと社会貢献の両面で高い効果も生まれやすいと言える。これをCSV（Creating Shaved Value）と言うこともある。

Point 3 戦略として個別のプロダクトブランドで勝負

ユニリーバは、ブランディング専門会社インターブランド社やミルウォード・ブラウン社の2015年のブランドランキングで見ると、上位100社には入っていない。企業規模から考えると意外にも思えるが、これはコーポレートブランドよりも、「ダヴ」「ラックス」といった個別のプロダクトブランドで勝負をする戦略を取っているからだ。

日本の場合はコーポレートブランドを重視する。そのため、例えばトヨタのカローラとか任天堂のWii、ソニーのプレイステーションというふうにダブルブランドになることが多い。ところがユニリーバはコーポレートブランドをほとんど表に出さず、通常はプロダクトブランドを前面に出す。だから紅茶で有名な「Lipton（リプトン）」も、ユニリーバのブランドだとはほとんど知られていない。

こうした戦略は、これからも基本的には大きく変わらないと考えられる。例えば、ダヴとラックスで言えば、それぞれに一つの世界が確立されている。同じ石鹸ではあるものの、ダヴはうるおいや肌へのやさしさが特長の家族向け製品、ラックスは贅沢な使用感や香りが特長の女性向け製品を中心に展開している。それをすべてユニリーバのコーポレートブランドを主体にして展開してしまうと、それぞれのブランドの世界観や特長が伝わりにくくなる恐れがある。

だから、ターゲット等に応じて製品ブランドですみ分けをして、それぞれのカテゴリーの中でトップシェアを占めるような戦略を取っていく。これはユニリーバに限らず、特に消費財を扱う欧米企業の場合には、そういう傾向が強い。当然、そこではある程度のカニバリゼーション[★2]も起こるわけだが、社内で、それをあまり恐れてはいないのだ。自社が行わなくても、いずれ他社が進出してくる。それならば、いち早く自社で新たなカテゴリーに進出しておこう、と考えているわけである。

★2—自社の製品やサービスが競合することによって、市場において自社の製品が、自社の別の製品の売り上げを奪ってしまうこと。

ケース 14

IBM
の事例

B to B企業ながら、ブランドランキングで常に上位をキープ

一般的に「ブランディング」というと、
消費者に向けた戦略をイメージするかもしれない。
しかし、B to B 企業である IBM は、
世界企業のブランド価値ランキングで
常に上位を占めている。
B to B 企業である IBM にとっての
ブランディングとはどういったものなのか。

1　PC事業売却後もブランド価値を高める

1911年に創立され、米国に本拠を置くグローバルIT企業のIBM。特に第2次世界大戦後は、コンピューター分野で大成功し、一時はコンピューターハードウェアにおいて同業他社を寄せつけない圧倒的なシェアを誇った。だが、1980年代から日本企業の追い上げなどもあって業績は低迷し、91年から3年連続で赤字を計上して、93年には81億ドルの経常赤字に陥った。この時期にCEOに就任したルイス・ガードナーは、従来のハード中心からソフトウェアやソリューションなどに力を注ぎ、システム・インテグレーション企業へと事業内容を大きく転換させた。さらにその後、ThinkPadブランドに代表されるパソコン事業を2005年に中国メーカーのレノボグループに売却。これによりBtoC事業から離れ、完全なBtoB企業へと生まれ変わった。

一般的にはBtoC企業のほうが消費者にとってはイメージしやすいので、ブランド力の低下も懸念されたが、実際には、世界最大のブランディング専門会社であるインターブランドのブランド価値評価では、2005年以降、むしろブランドバリューは高まっている。最新版の2016年のブランドランキングでは、アップル、グーグル、コカ・コーラ、マイクロソフト、トヨタに次いでＩＢＭは6位である。なお、インターブランドのブランド価値評価手法は「将来どれくらいの収益を上げると予想されるか？」という視点に基づき、財務分析、ブランドの役割分析（利益のうちブランドの貢献分を抽出）、ブランド力分析（ブランドによる利益の将来の確実性を評価）をしてブランドの価値を分析・評価するものである。

特にルイス・ガードナー以降のＩＢＭは、ブランディングに非常に力を入れており、企業文化・ブランドの醸成は、マーケティングのミッションの一つにもなっている。なお、そのほかのマーケティングのミッションとしては、需要獲得、新規市場進出がある。

例えばインターネット黎明期の

図 8-4 ★ IBM の V 字回復のようす

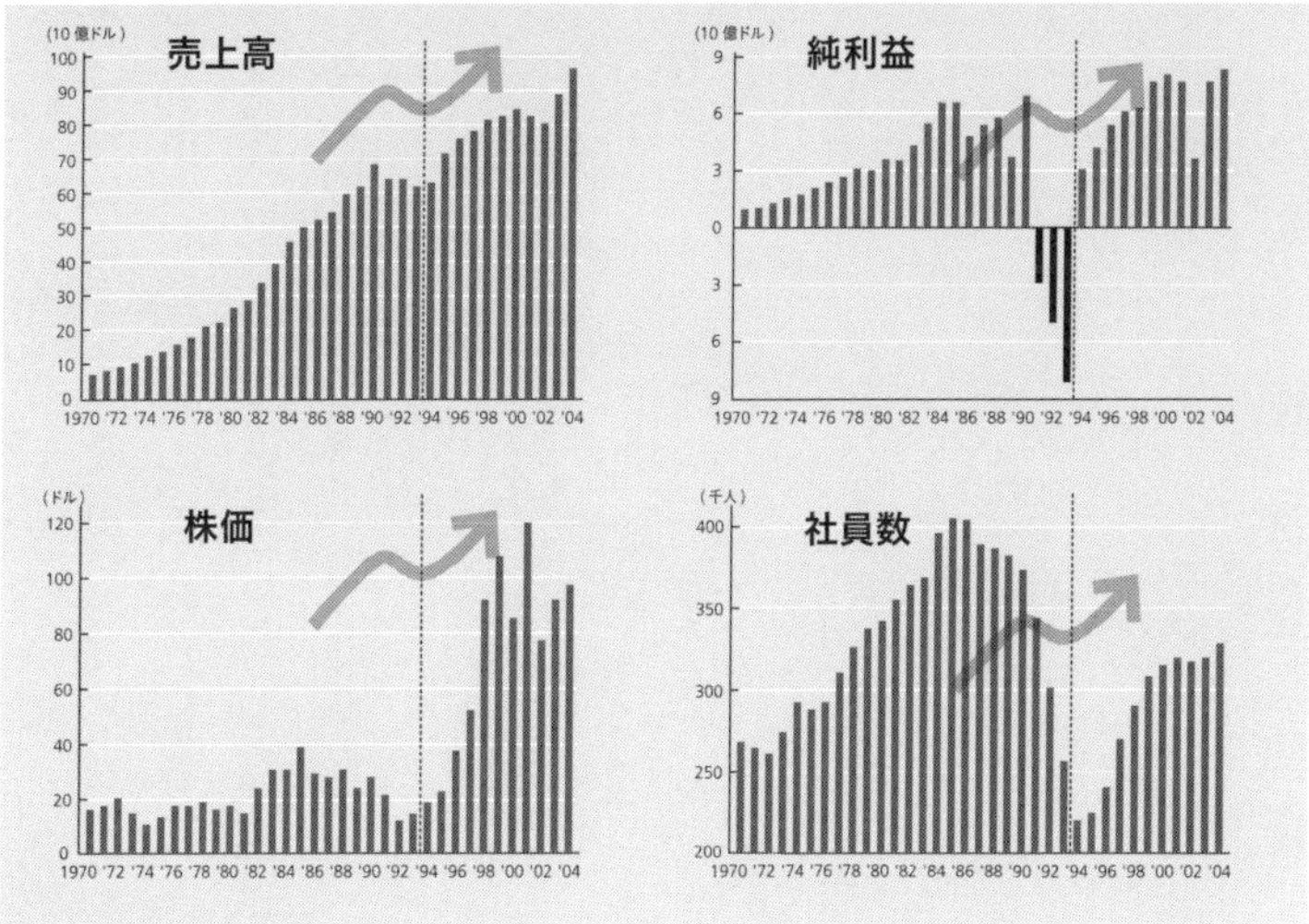

資料：IBM より提供。

1997年には、「e-business」[★3]という言葉をつくり出し、広告キャンペーンを展開した。また、2008年にはITの活用により地球規模の課題を解決していこうという「Smarter Planet」というビジョンを提唱した。その後、これに関わるさまざまなブランディングやマーケティングの活動に活発に取り組んでいる。こうした活動が、IBMの企業ブランドを高めることに貢献していると言える［図8-4（→p.219）］。

★3――IBMが提唱した、インターネット技術を取り込んだ新しいビジネスモデルの名称。

【ケース解説――ここが重要】

Point 1 BtoBでもブランディングは重要

BtoBビジネスの場合、BtoCのように大量の消費者に向けたものではないため、基本的にブランディングは必要ないという意見が多い。また、BtoBはプロフェッショナル対プロフェッショナルの取引であるため、重要なのはいわゆるQCD、つまりクオリティ・コスト・デリバリーと、それに加えてせいぜい製品についての情報くらいで、イメージで企業が買うことはないともいわれる。だが実は、こうした見方は必ずしも正しいとはいえない。

なぜなら、まずビジネス上の面談の際にはブランドが影響する。例えば大手自動車メーカーに行って、新しいエンジンを開発したので担当者に面会をしたいと受付で話したとする。会社名を聞かれて、聞いたことのない会社だとおそらく会ってもらえないだろう。だが、誰もが知っているような会社名であれば、「ならば会おうか」ということになるのだ。

また、ブランド力があれば、情報探索コストが下がる。つまり、取引をするときにも、ネットや信用調査会社などを使って、わざわざ企業調査をする必要がない。特に取引金額が大きくなればなるほど、上位のマネジメント層が意思決定をすることになるが、その際にはやはりブランドが浸透しているかどうかが大きな決め手になる。さらに、ブランドは優秀な人材をリクルートできるかどうかにも関わってくる。ブランドがよく知られている会社は、人材採用にも有利なのだ。ブランディングは優秀な人材を採用するためにも非常に重要である。

欧米企業は、こういうことを熟知しているため、BtoB企業であっても、ブランドランキングでは上位を占める企業が多い。IBMは、まさにその代表例と言える。IBMは現在では、サーバーやクラウドなどのBtoB分野にシフトしているが、それでもブランドのトップ10に入っている。事例にあるようにインターブランド社のランキングで6位のほか、ミルウォード・ブラウン社の2016年のブランドランキングでも10位である。

IBMは、前述のユニリーバの事例で説明したブランド構築のための要素としてのマーケティングはもちろんだが、その下にある経営品質や品質経営のところも非常に大事にしている。例えば、革新的な製品を常に出していくというのも、この経営品質、あるいは品質経営に深く関わる部分だが、最近で言えばIBMは「Watson（ワトソン）」というAI（人工知能）を開発している。医療や金融などさまざまな分野への活用が見込まれており、世界を変える最先端テクノロジーとして期待も大きい。革新的な製品を通じて、多くの人がIBMは非常に先進的な企業だというイメージを持つことになり、IBMがいろいろな事業活動を展開していくときに、そのイメージが非常に大きなプラス効果をもたらすのである。

Point 2 BtoB企業でも、社会性の高さがポイントとなる

前述のユニリーバの事例で、ブランド構築における社会性や社会貢献の大切さについて触れたが、実はBtoB企業の場合、BtoC企業以上にこうした部分が信頼性についての重要なポイントになる。特に大きな企業になると、国・政府関連のビジネスが増えてくるので、その政府がこの会社は信用できるかどうかを判断するときに、日ごろから社会貢献的な活動をしているかどうかは決定的に重要になってくるのだ。

例えばIBMでは、1980年代に環境問題が重大な社会問題化してきたときに、廃液の管理について、世界中で統一した厳しいIBM基準を設けた。先進国と途上国とでは環境規制も違い、途上国よりも先進国のほうが厳しいが、IBMでは先進国の規制をさらに上回るような厳格な基準を設定し、途上国でもまったく同一の基準で対応したのである。本来ならそこまでする必要はないし、当然コストアップにもなる。しかし、日常的にそういうことを実践している会社だという評判が、結局IBMの信頼性を高めることにつながっていくのである。

Point 3

ブランド・コミュニケーションを大切にする

ビジネスとして考えれば、いくら社会性の高い活動をしていても、B to B企業であれば、企業や政府に伝わらなければ意味はない。そこで大切になるのが、ブランド・コミュニケーションという考え方だ。

ブランドでは、自分たちが持っているブランド・アイデンティティ、言い方を変えれば、相手にこういうふうに思ってもらいたいというものについて、対外的に情報を発信してPRする必要がある。それも、ただ伝えればいいというのではなく、本当に伝えたいものを明確にして、その相手にきちんと理解・認識してもらわねばならない。B to C企業の場合は、当然ながら消費者とのこうしたコミュニケーションをとても大事にしている。B to B企業でも、同様のコミュニケーションはやはり必要で、IBMはそこを非常に重視して、きちんと実践しているのである［図8-5（→p.225）］。

ところが、特に日本のB to B企業では、このブランド・コミュニケーションを戦略的に行っていくという面が、かなり弱いのが実情である。IBMと同じような社会貢献活動をしていたとしても、日本企業はそれを声高に広く周知させるといったことをあまりしない。

それには、文化的な背景ももちろんあると考えられる。本書の第2章でも少し触れたが、ホールの言うところのロー・コンテクスト・ソサエティとハイ・コンテクスト・ソサエティの違いである。日本の場合は、ハイ・コンテクスト・ソサエティだから、何も言わなくても、阿吽の呼吸でわかるといった社会である。だが、ロー・コンテクスト・ソサエティの場合は、異民族・異文化が集まっているので、はっきり言葉にしないと通じない社会である。欧米のようなロー・コンテクスト社会では、自分たちがやっていることを明確に相手に伝えるということが身にしみついているのに対し、日本の場合はむしろ主張しないほうがよしとされてきたわけだ。

企業経営における文化の違い

ただ、文化的なことだけで言えば、例えばアジア諸国もハイ・コンテクスト・ソサエティである。ところが企業経営という観点で見ると、サムスンなどはその代表例だが、アジア的な文化の上に米国型経営が載っている。特に若手の経営者などは、ほとんど欧米のビジネススクールを出ているため、文化的にはアジアの文化を残しな

図 8-5★市場の変革に対応したIBMの3つの戦略

1	2	3
データを活用し、業界や職業の専門性を変革することによって市場を創出	クラウド時代に適合した企業のIT再構築	企業における協業のための情報活用システムの実現と、自らの実践によるリード

資料：IBMより提供。

がらも、グローバルに戦うための手段として経営的には完全に米国型を志向している。

米国やアングロサクソン系の企業経営は、アングロサクソン系の文化の上にアングロサクソン系の経営が載っている。大陸欧州は少し文化がアングロサクソン系とは異なるとはいえ、比較的それに近似の文化の上に、最近は特に米国系の経営がどんどん入り込んでいる。

一方、日本の企業は、日本の文化の上に日本的経営が載っている。このこと自体は、筆者は必ずしも間違いだとは思わないし、将来これが世界標準になる可能性もあると見ているが、日本の中では通用しても、世界では通用しないものもあるということは注意しておかねばならない。ブランドで自己主張をしないというのも、その一つである。

前述したブランド構築のいくつかの階層について言えば、品質経営や経営品質、すなわちよい経営をしていることや、よい品質の品物・サービスをつくることは大事なのだが、やはりその上にマーケティングが積み重なって、初めてブランドが出来上がっていく。しかし、日本企業の場合、まだ品質経営、経営品質だけで勝負ができると思っている。それだけでは世界に出て行ったときに、なかなか目立たないだろう。ブランド・コミュニケーションを大切にして、自己主張をはっきりとしていくというのは、ビジネス的にもプラスになるということを忘れてはならない。

［まとめ］

日本企業は、ブランド構築のためにまだまだできることがある

ブランディングについて、日本企業はまだまだ多くの課題を抱えている。グローバル・マーケティング全体で考えても、ブランド力の弱さは大きな問題だ。

例えば、筆者は2015年、クロス・マーケティングに協力してアジアで日本企業のブランドについての調査をしたが、その際に日本が好きか嫌いかを尋ねたところ、好きという声が圧倒的だった。従って、ブランド構築については、国という点で今も有利である。ところが、個別の製品群となると、20以上のカテゴリーの中で自動車と二輪とアニメを除くと、日本企業の中で勝っているカテゴリーというのはほとんどない。ここはもっと努力や工夫が必要になる。

アーカーも指摘するように、ブランドがすべての経営の目標であれば、そこにプラスになるものは何でもやろうということになる。日本企業は社会貢献活動が弱いという話をしたが、それでもヤマハ発動機などは、独自の活動をしている。例えば、セネガルで売っている船外機について、その使い方や修理の仕方などを、地元の人に無料の講習会で教えているのであ

る。セネガルでは船外機は漁船に使われており、これまでの手こぎの船と比べると遠くまで行けるため、漁獲量が上がる。一方で、先進国に同じ船外機を売る場合は、レジャーボート用の高級品として売っている。途上国では、こうした社会貢献的な活動がビジネスにつながるということをわかっていて、実際にセネガルでは成果も上げている。

これはほんの一例だが、ブランド構築のために日本企業はまだまだできることがある。逆にここを強化できれば、世界で活躍できるチャンスは飛躍的に拡大していくはずだ。

第8章

Chapter

point

- まずグローバルのメガブランドで地位を築く
- 社会貢献活動をビジネスにつなげる
- BtoBでもブランディングは重要

Column

B to Bビジネスのグローバル・マーケティング

マイクロソフト

B to Cでの強みも生かして独自のB to B事業を展開

近年、情報・通信関連企業がこぞって力を入れているのが、クラウドデータセンターのビジネスである。クラウドデータセンターとは、膨大なデータを一元的に管理したり、データをもとに企業の意思決定などを支援したりするシステムを、企業あるいはコンシューマーに賃貸するサービスビジネスのことだ。これからはIoT（モノのインターネット）により収集された、ビッグデータを活用するための処理が重要になってくることもあり、その中心としてもクラウドデータセンターへの注目が集まっている。クラウドの場合、顧客が世界中のどこにいてもデータを使用できる。ただし、コンピューターの世界でも距離があると大量のデータ転送には時間がかかるので、クラウドデータセンターを展開する企業は、その拠点を世界中に分散して展開している。

こうした中で、クラウドサービス専業であるセールスフォース・ドットコムなどは、クラウドデータセンター上のシステムを企業に賃貸するというビジネスモデルである。また、この分野で現在、世界の圧倒的なシェアを持っているアマゾンも同様だ。アマゾンの場合は、本業のネット通販に必要なクラウドデータセンターをたくさん持っていて、それを企業に低価格で供給できるため、シェアナンバー1になっているのだ。これらはいずれも完全なBtoBの事業である。これに対して独自の展開をしているのがマイクロソフトだ。そのデータセンターのクラウドサービス「Azure」は、いわばBtoBとBtoCの両方の要素を併せ持っているのである。もともとマイクロソフトは、IBMにOSやアプリを提供するBtoBの企業だった。それが一般の個人ユーザーに「Office」などを販売するBtoCも手がけるようになり、近年はBtoCのウエイトが高まっていた。Azureは、クラウドデータセンターを企業に貸し出すという意味では、やはりBtoBである。ところが、マイクロソフトがセールスフォース・ドットコムやアマゾンなどの他社と異なるのは、貸し出すクラウドデータセンターの中に、BtoCで提供しているOfficeに代表される自社製のOSやアプリケーションをプリインストールさせておくことができる。

また、Azureの場合、BtoBとBtoCの両方のノウハウがあるマイクロソフトならではの特徴として、顧客とのコオペレーションあるいはコラボレーションがしやすいことが挙げられる。マイクロソフトでは顧客をカスタマーでありパートナーでもあると位置づけ、「Pastomer」という呼び方をしているが、例えば、〝ハイブリッド型クラウド〟と呼ぶ仕組みの場合、ある企業A社にクラウドデータセンターの場所を提供するとする。A社は、通常はデータ処理の際にオーバーフローしないようにある程度余裕を持って借りる。A社はその場所を二次利用して、他の企業にも貸し出すことができる。A社はマイクロソフトのカスタマーであるけれども、パートナーとしてフランチャイズと同じように、さらにそれをA社自身の顧客企業に提供することができるのである。A社は、この二次利用を、自分たちの顧客に対するサービスとして提供して、顧客との結びつきを強めることができる。場合によっては、マイクロソフト自体が、直接A社の顧客である企業にアプローチするよりも、長い付き合いのあるA社を通したほうが、このAzureの信頼性が高くなるということもあるはずだ。マイクロソフトにとっても顧客にとっても、メリットは大きいと言える。ただ、マイクロソフトのこのクラウドデータセンター事業というのは、まだシェアは小さく、まずは認知を高めていこうとしている段階である。

IT業界も、一時はBtoCビジネスが脚光を浴びたが、BtoCは基本的には薄利多売で、価格競争も厳しく、流行にも左右されやすい。そうした中で、いったんシステム的にマッチングしたら囲い込みができ、囲い込みに成功すればかなり長期的な利益が見込めるBtoBビジネスの魅力は大きく、各社の競争はこれからますます激しくなっていくに違いない。今後、競争の行方がどうなっていくかまったく予測はつかないが、ただ、前述したように、データもアプリケーションも全部ワンセットで提供できるのは、現時点ではマイクロソフトしかない。そこは彼らの強みになるのではないだろうか。

おわりに

筆者は「グローバル・マーケティング研究会」なるものを主催し、2017年1月時点で、107回の研究会を開催してきた。報告者の多くは実務の第一線で活躍されているビジネスパースンで、筆者の要望もあり、貴重なグローバル・マーケティングの事例を詳細に語っていただいている。「60分の報告の後、60分の質疑応答」というのも研究会の特徴であり、毎月200名前後集まったグローバル・マーケティングに造詣の深い参加者からの質問と報告者のそれに対する回答も、またよい学びの場となっている。同研究会は誰でも自由に（無料で）参加でき、明治大学に限らず他大学の院生・学生も参加している。若い人の人材育成の場でもある。

筆者は、グローバル・マーケティング研究会以外にも国内外で企業インタビューをすることが多いが、海外ではこの10年ほど、毎年数カ国、約40前後の海外現地法人ならびに現地企業を訪問している。結果的に、数百社の事例を見聞きしたが、そこからグローバル・マーケティングに不可欠なポイントを抽出し、一般化することが自分の役目であると認識している。一般化しなければ、一つの企業事例を他社に適用できないからである。もちろん、多くの人は自ら一般化し、他社の事例を参考として自社に適用しているかとは思うが、それをより分かりやすい形・言葉・概念・枠組みで提示するのが研究者の役目であろう。そういう意味で、筆者は「現場発の研究者」を目指しており、本書のような事例を中心に語り、そこから教訓を一般化して抽出する方法は肌に合っている。

このことは、研究やビジネス、あるいは日常生活においても重要で、筆者はそのことを「一般性と特殊性」という表現で説明している。たとえば、2015年に弟子達と書いた『マーケティング零』白桃書房（その続巻が『グローバル・マーケティング零』白桃書房より2017年に刊行予定）の序章では、ビジネスにおける「業界間の差異」、「時代間の差異」、「国際間の差異」で説明している。「業界間の差異」では、例えば食品業界の人がパソコン業界を研究した（学んだ、講演を聞いた、インタビューした）として、理解力のない人は2つの間違いを犯すと述べた。第1のタイプは、学んだことをそのまま自社に適用しようとする人で、これは業界が異なるので明らかに失敗する。第2のタイプは、食品業界とパソコン業界はまったく異なると拒否する人で、他業界から何も学ばない人である。いずれも誤った反応で、実際には、パソコン業界特有の特殊性を捨象した上で、成功因・失敗因を抽出しなければ一般性は把握できない。一般性を把握できなければ、食品業界の自社には適用できないのである。同じようなことが「時代間の差異」にも「国際間の差異」にも当てはまる。一般性（本質）を把握することが、極めて重要なのである。

ビジネスパーソンからは、「先生方は理論が大事とおっしゃいますが、実務の世界は理論通りにはいかないんですよ」とよく言われる。その通りであろう。実務の世界が理論通りに行くならば、優れた研究者は優れた経営者になっていることだろうが、そのような例は極めて少ない。それでは実務の世界に理論は不要なのか？　学生・院生が国際経営学やグローバル・マーケティングを学んでも社会に出て役に立たないのか？　研究者はすべからく「机上の空論」を並べ立てているだけなのか？　そんなことはない。それならば、一度社会に出たビジネスパーソンが再びビジネススクールなどに戻って研究する意味がない。ビジネススクールでは理論ばかり学んでいるわけではなく、ケースメソッドなどにより実務的課題の解決に直結するような学びもしている。さらに、多くのビジネスパーソンは最新の理論や概念・分析枠組みも学びたいと思っている（カリキュラムとしても提供されている）。それらが一般性を持ち、自社の課題解決にも有用であることを知っているからである。実務は理論通りに行かないが、理論を知らなければ根無し草のように「ケースバイケースです」と場当たり的な対応しかできないことになる。実務において、理論が役立つのはほんの一部にしか過ぎないかもしれないが、それなくして実務で継続的な成功を収めることは困難だろう。自ら理論や一般性を生み出せる一部の天才を別にして、多くの人は成功への道を効率的に歩くために理論を学んだ方がよい。

最後に感謝の辞を述べたい。フリー編集ライターの室谷明津子氏からメールを頂戴したのは２０１６年4月のことだった。「突然のご連絡にて恐れいります」で始まる今回の仕事の依頼は、「インタビューからテープ起こしをして、原稿にした上で出版」という通常の執筆依頼とは異なる方式だったので一瞬逡巡した。ただ、「大学のテキストとしても使えて、かつ30代のビジネスパースンが将来のキャリアを考えるときの『学び直し』のニーズにも応えられる、読み物に近いシリーズになる」という文言に関心をもって、引き受けることにした。

その後、フリーライターの中田正則氏、桂樹社グループの狩生有希氏と岩井智彦氏、そしてミネルヴァ書房東京支社長の三上直樹氏などの協力があり、刊行に至った。とりわけ、岩井氏には私が何度も企業に確認をとるようにお願いしたので、大変な労力をかけてしまった。それに面倒くさがらずに対応していただいた企業の方々の名前をいちいち挙げることはしないが、心より感謝している。すべての文責は筆者のみにあるが、この本は筆者の本というよりも以上のスタッフと企業の方々の本であると考えている。

さらに学びたい人のための
図書案内

浅枝敏行

『日本人ビジネスマン、アフリカで蚊帳を売る——なぜ、日本企業の防虫蚊帳がケニアでトップシェアをとれたのか?』（東洋経済新報社、2015年）

住友化学の長期残効型防虫蚊帳「オリセットネット」のアフリカビジネスをノンフィクションで描いたものだが、グローバル・マーケティングの実務としても参考になる本。ちなみに、その責任者であった水野達男の『人生の折り返し地点で、僕は少しだけ世界を変えたいと思った。—第2の人生、マラリアに挑む』（英治出版、2016年）も併せて読むとよい。

石田賢

『サムスン式国際戦略—サムスン躍進の原動力』（文眞堂、2013年）

日本サムスンの顧問であった著者が、韓国サムスン電子の国際戦略を丹念に記述したものだが、それは同時に同社のグローバル・マーケティングについてよい説明にもなっている。このような個別事例研究は多いが、林廣茂『AJINOMOTOグローバル競争戦略』（同文舘出版、2012年）や多田和美『グローバル製品開発戦略—日本コカ・コーラ社の成功と日本ペプシコの撤退』（有斐閣、2014年）Jones, J. (2005), *Renewing Unilever: Transformation and Tradition*, Oxford University Press.（江夏健一・山中祥弘・山口一臣監訳、ハリウッド大学院大学ビューティビジネス研究所訳『多国籍企業の変革と伝統—ユニリーバの再生（1965-2005）』文眞堂、2013年）なども参考になる。

松井忠三

『無印良品が、世界でも勝てる理由—世界に〝グローバル・マーケット〟はない』（KADOKAWA、2015年）

良品計画社長・会長であった著者の『無印良品は、仕組みが9割』、『無印良品の、人の育て方』、『覚悟さえ決めれば、たいていのことはできる』に続く第4弾だが、無印良品（会社名は良品計画）のグローバル・マーケティングをわかりやすく説明している。また同社に勤務経験のある増田明子『MUJI（無印良品）式世界で愛されるマーケティング』（日経BP社、2016）も併せて読むとよい。

川端基夫 『**外食国際化のダイナミズム—新しい「越境のかたち」**』……（新評論、2016年）

小売業やサービス業の国際化に詳しい著者が外食産業の国際化をサポーティング・インダストリーの視点から論じたもの。著者の著書は数多いが、川端基夫『日本企業の国際フランチャイジング』（新評論、2010年）などと併せて読むと、実務的にも参考になることが多い。なお、中澤義晴『サービス産業—海外進出ガイド』（JETRO、2016年）は、サービス産業が海外進出する際に気をつけるポイントを的確に纏めている。

古川裕康 『**グローバル・ブランド・イメージ戦略—異なる文化圏ごとにマーケティングの最適化を探る**』……（白桃書房、2016年）

著者の博士論文を学生や社会人にもわかりやすくなるよう編集して著した本だが、グローバル・ブランドを従来の消費者視点からではなく企業側の視点から、企業ウェブサイトのテキストマイニングという手法で分析している点が新しい。イメージ戦略として7つの訴求ポイントを抽出し、どのような文化圏ならどのような訴求ポイントが適合するのかを論じている。ちなみに、原田将『ブランド管理論』（白桃書房、2010年）も同じように企業側の視点からブランドの「管理」を論じているので併せて読めば大いに参考になる。

諸上茂登 『**国際マーケティング講義**』……（同文舘出版、2013年）

評者とは国際マーケティング／グローバル・マーケティングという概念の理解が異なるものの、それも含めてテキストとして基本事項が網羅されている。より詳しい内容については前著、諸上茂登『国際マーケティング論の系譜と新展開』（同文舘出版、2012年）や金炯中『未来を創造する国際マーケティング戦略』（ミネルヴァ書房、2016年）、藤澤武史編著『グローバル・マーケティング・イノベーション』（同文舘出版、2012年）などを読めば、現在のグローバル・マーケティング課題を一望できる。テキストとしては、富山栄子『わかりすぎるグローバル・マーケティング』（創成社、2005年）や丸谷雄一郎『グローバル・マーケティング第5版』（創成社、2015年）も優れている。

近藤典彦『エコで世界を元気にする！——価値を再生する「静脈産業」の確立を目指して』（PHP研究所、2011年）

本書第1章で登場する会宝産業。自動車の解体事業から中古部品の販売、世界市場の開拓、途上国の開発支援と人材育成、中古部品のリユースから静脈産業全体への貢献へ、と非常に視野の広がる本である。ビィ・フォアードの創業者・山川博功『グーグルを驚愕させた日本人の知らないニッポン企業』（講談社、2016年）や山川博功『アフリカで超人気の日本企業』（東洋経済新報社、2016年）も同じく、とにかく元気の出る本である。成功云々よりも顧客の課題に寄り添い、多くの途上国の人々と関わり、世界を変えようという熱意を学ぶべきである。

湯谷昇羊『巨龍に挑む——中国の流通を変えたイトーヨーカ堂のサムライたち』（ダイヤモンド社、2010年）

この本は後に湯谷昇羊『「いらっしゃいませ」と言えない国　中国で最も成功した外資・イトーヨーカ堂』（新潮社、2013年）として再刊されている。イトーヨーカ堂による中国の成都・北京での参入時の苦労を実名で描いたものであるが、小売業にとどまらずグローバル・マーケティングの学びに繋がる。ちなみに、そこにも登場する三枝富博氏（2017年1月現在、イトーヨーカ堂中国総代表）には「グローバル・マーケティング研究会」の第65回例会でも報告いただいたが（2012年4月24日）、2017年3月よりイトーヨーカ堂社長に内定している。本書第7章も参照。

山下裕子・福冨言・福地宏之・上原渉・佐々木将人
『日本企業のマーケティング力』（有斐閣、2012年）

グローバル・マーケティングに関する本ではないが、日本企業におけるマーケティング部門の存在感の薄さや、そもそもそのような部門さえ無いことへの危機感と、マーケティング現場への対応はそこそこできているものの、マーケティング戦略策定が弱いのではないかという認識は評者と共通している。マーケティング戦略と組織の在り方を理論的・実証的に分析している。第9章「マーケティング戦略はどこで決めるべきか」では、日本企業の海外進出と現地法人の影響力を定量的に明らかにしている。このような問題意識は、神岡太郎・ベリングポイント戦略グループ『CMOマーケティング最高責任者』（ダイヤモンド社、2006年）、神岡太郎・博報堂エンゲージメントビジネスユニット『マーケティング立国ニッポンへ』（日経BP社、2013年）も共有しているので、併せて読むとよい。

F・C・カニェーケ、S・L・ハート
『BoPビジネス3・0――持続的成長のエコシステムをつくる』（平本督太郎訳、英治出版、2016年）

「BOPビジネス」という用語は、故C・K・プラハラードとS・L・ハートが生み出したものであるが、そのハートの編による最新作。その中の執筆者の一人である平本督太郎・金沢工業大学講師（元・野村総合研究所）が翻訳も担当している。グローバル・マーケティングが貧困に関連する諸問題と対峙しなければその存続さえ危うくなっているが、その点に関しては林倬史『新興国市場の特質と新たなBOP戦略—開発経営学を目指して』（文眞堂、2016年）が新たな論を展開している。（原書— Cañeque, F. C and Hart, S. L. ed. (2015), *Base of the Pyramid 3.0: Sustainable Development Through Innovation & Entrepreneurship*, Greenleaf Publishing）

P・ゲマワット……『コークの味は国ごとに違うべきか』

（望月衛訳、文藝春秋、2009年）

史上最年少でハーバード大学ビジネススクール教授になった人物として有名な著者だが、世界市場をボーダーレス（国境なき世界）と捉えずセミ・グローバリゼーションと捉えている点を評価したい。CAGE分析とかADDINGスコアカードとかAAA戦略とか、理解・記憶しやすい形で環境分析や戦略分析をしている点が優れている。（原書— Ghemawat, P. (2007), *Redefining Global Strategy: Crossing Borders in A World Where Differences Still Matter*, Harvard Business School Publishing）

V・ゴヴィンダラジャン、C・トリンブル……『リバース・イノベーション』

（渡部典子訳、ダイヤモンド社、2012年）

今では日本語としても定着した「リバース・イノベーション」だが、豊富な事例をもとにイノベーションが途上国から生じ、それが先進国に逆流（リバース）することを明らかにしている。Khanna, T. and Palepu, K. G. (2010), *Winning in Emerging Markets*, Harvard Business Review Press.（上原裕美子訳『新興国マーケット進出戦略』日本経済新聞出版社、2012年）や Radjou, N., Prabhu, J. and Ahuja, S. (2012), *Jugaad Innovation*, Jossey-Bass.（月沢李歌子訳『イノベーションは新興国に学べ！』日本経済新聞出版社、２０１３年）などと併せて読むことが望ましい。ゲマワットにしてもゴビンダラジャンにしても後の2冊の著者たちも、ともにインド出身ということが象徴的である。（原書— Govindarajan, V. and Trimble, C.(2012), *Reverse Innovation*, Harvard Business Review Press）

G・ホフステード、G・J・ホフステード、M・ミンコフ
『多文化世界—違いを学び未来への道を探る』

（岩井八郎・岩井紀子訳、有斐閣、２０１３年）

ホフステードの前著、邦訳『多文化世界—違いを学び共存への道を探る』（１９９５年）の改訂第3版だが、それまでの4つの指標にさらに異なったデータベースから2つを加え、76の国・地域を6つの指標で分析している。朴正洙『消費者行動の多国間分析』（千倉書房、２０１２年）や Mooij, M. De. (2014), Global Marketing and Advertising: Understanding Cultural Paradoxes, 4th ed., SAGE Publications.（朴正洙監訳『グローバル・マーケティング・コミュニケーション』千倉書房、２０１６年）も併せて読むとよい。（原書— Hofstede, G., Hofstede, G. J. and Minkov, M. (2010), *Cultures and Organizations: Software of the Mind*, Revised Edition, McGraw-Hill）

参考文献

●安部悦生編著『グローバル企業―国際化・グローバル化の歴史的展望』文眞堂、２０１７年。

●浅枝敏行『日本人ビジネスマン、アフリカで蚊帳を売る』東洋経済新報社、２０１５年。

●天野倫文・新宅純二郎・中川功一・大木清弘編著『新興国市場戦略論―拡大する中間層市場へ・日本企業の新戦略』有斐閣、２０１５年。

●Cañeque, F. C and Hart, S. L. ed. (2015) *Base of the Pyramid 3.0: Sustainable Development Through Innovation & Entrepreneurship*, Greenleaf Publishing.（平本督太郎訳『BoPビジネス３・０―持続的成長のエコシステムをつくる』英治出版、２０１６年）。

●Ghemawat, P. (2007) *Redefining Global Strategy: Crossing Borders in A World Where Differences Still Matter*, Harvard Business School Publishing.（望月衛訳『コークの味は国ごとに違うべきか』文藝春秋、２００９年）。

●Govindarajan, V. and Trimble, C. (2012) *Reverse Innovation*, Harvard Business Review Press.（渡部典子訳『リバース・イノベーション』ダイヤモンド社、２０１２年）。

●原田将『ブランド管理論』白桃書房、２０１０年。

●林廣茂『ＡＪＩＮＯＭＯＴＯグローバル競争戦略』同文舘出版、２０１２年。

●林倬史『新興国市場の特質と新たなＢＯＰ戦略―開発経営学を目指して』文眞堂、２０１６年。

●Hofstede, G., Hofstede, G. J. and Minkov, M. (2010) *Cultures and Organizations: Software of the Mind*, Revised Edition, McGraw-Hill.（岩井八郎・岩井紀子訳『他文化世界―違いを学び未来への道を探る』有斐閣、２０１３年）。

●藤澤武史編著『グローバル・マーケティング・イノベーション』同文舘出版、２０１２年。

●古川裕康『グローバル・ブランド・イメージ戦略―異なる文化圏ごとにマーケティングの最適化を探る』白桃書房、２０１６年。

●石田賢『サムスン式国際戦略』文眞堂、２０１３年。

●今井雅和『新興市場ビジネス入門』中央経済社、２０１６年。
●徐向東『中国人に売る時代』日本経済新聞社、２００９年。
●徐向東『中国人にネットで売る』東洋経済新報社、２０１１年。
●Jones, J. (2005) *Renewing Unilever: Transformation and Tradition*, Oxford University Press.（江夏健一・山中祥弘・山口一臣監訳、ハリウッド大学院大学ビューティビジネス研究所訳『多国籍企業の変革と伝統―ユニリーバの再生（１９６５-２００５）』文眞堂、２０１３年）。
●神岡太郎・ベリングポイント『CMOマーケティング最高責任者―グローバル市場に挑む戦略リーダーの役割』ダイヤモンド社、２００６年。
●神岡太郎・博報堂エンゲージメントビジネスユニット『マーケティング立国ニッポンへ』日経BP社、２０１３年。
●川端基夫『日本企業の国際フランチャイジング』新評論、２０１０年。
●川端基夫『外食国際化のダイナミズム』新評論、２０１６年。
●川端庸子『小売業の国際電子商品調達』同文舘出版、２０１２年。
●Khanna, T. and Palepu, K. G. (2010) *Winning in Emerging Markets*, Harvard Business Review Press.（上原裕美子訳『新興国マーケット進出戦略』日本経済新聞出版社、２０１２年）。
●金炯中『未来を創造する国際マーケティング戦略』ミネルヴァ書房、２０１６年。
●近藤典彦『エコで世界を元気にする！―価値を再生する「静脈産業」の確立を目指して』PHP研究所、２０１１年。
●増田明子『MUJI（無印良品）式世界で愛されるマーケティング』日経BP社、２０１６年。
●松井忠三『無印良品が、世界でも勝てる理由』KADOKAWA、２０１５年。
●丸谷雄一郎『グローバル・マーケティング（第5版）』創成社、２０１５年。
●水野達男『人生の折り返し地点で、僕は少しだけ世界を変えたいと思った。―第2の人生、マラリアに挑む』英治出版、２０１６年。
●Mooij, M. De. (2014) *Global Marketing and Advertising: Understanding Cultural Paradoxes, 4th ed.*, SAGE Publications.（朴正洙監訳『グローバル・マーケティング・コミュニケーション』千倉書房、２０１６年）。

●森辺一樹『「アジアで儲かる会社」に変わる30の方法』中経出版、2012年。
●諸上茂登『国際マーケティング論の系譜と新展開』同文舘出版、2012年。
●諸上茂登『国際マーケティング講義』同文舘出版、2013年。
●諸上茂登・藤澤武史・嶋正『国際ビジネスの新機軸』同文舘出版、2015年。
●向山雅夫・ドーソン編著『グローバル・ポートフォリオ戦略―先端小売企業の軌跡―』千倉書房、2015年。
●中澤義晴『サービス産業―海外進出ガイド』JETRO、2016年。
●大石芳裕編著『日本企業のグローバル・マーケティング』白桃書房、2009年。
●大石芳裕編著『日本企業の国際化―グローバル・マーケティングへの道』文眞堂、2009年。
●大石芳裕・桑名義晴・田端昌平・安室憲一監修、多国籍企業学会著『多国籍企業と新興国市場』文眞堂、2012年。
●大石芳裕・山口夕妃子編著『グローバル・マーケティングの新展開』白桃書房、2013年。
●大石芳裕編著『グローバル・マーケティング零』白桃書房、2017年(近刊)。
●大石芳裕『進化するグローバル・マーケティング』文眞堂、2017年(近刊)。
●朴正洙『消費者行動の多国間分析』千倉書房、2012年。
●Radjou, N., Prabhu, J. and Ahuja, S. (2012) *Jugaad Innovation*, Jossey-Bass.(月沢李歌子『イノベーションは新興国に学べ!』日本経済新聞出版社、2013年)。
●Simon, H. (2009) *Hidden Champions of the 21st Century: Success Strategies of Unknown World Market Leaders*, Springer.(上田隆穂監訳、渡部典子訳『グローバルビジネスの隠れたチャンピオン企業―あの中堅企業はなぜ成功しているのか』中央経済社、2012年)。
●多田和美『グローバル製品開発戦略』有斐閣、2014年。
●富山栄子『わかりすぎるグローバル・マーケティング』創成社、2005年。
●山川博功『グーグルを驚愕させた日本人の知らないニッポン企業』講談社、2016年。
●山川博功『アフリカで超人気の日本企業』東洋経済新報社、2016年。
●山下裕子・福冨言・福地宏之・上原渉・佐々木将人『日本企業のマーケティング力』有斐閣、2012年。
●湯谷昇羊『巨龍に挑む―中国の流通を変えたイトーヨーカ堂のサムライたち』ダイヤモンド社、2010年。

索　引

（＊は人名）

［著者］

大石 芳裕（おおいしよしひろ）

1952年　佐賀県生まれ。

1983年　九州大学大学院経済学研究科修士課程修了。

1984年　同博士課程中退。佐賀大学経済学部専任講師。
96年から明治大学経営学部助教授、97年同教授。
2002～03年度、研究科委員長。

現在　明治大学経営学部教授、グローバル・マーケティング研究会代表世話人、
国際ビジネス研究学会常任理事、多国籍企業学会理事、
異文化経営学会理事など。

主著　『進化するグローバル・マーケティング』文眞堂、2017年（近刊）
『グローバル・マーケティング零』白桃書房、2017年（近刊）
『マーケティング零』白桃書房、2015年

［編集］　株式会社桂樹社グループ（岩井智彦）
室谷明津子

［執筆協力］　中田正則

［本文デザイン］　宗利淳一

［協力（50音順）］

株式会社イトーヨーカ堂、株式会社エンジニア、会宝産業株式会社、花王株式会社、株式会社小松製作所、株式会社資生堂、ダイキン工業株式会社、日本アイ・ビー・エム株式会社、公益社団法人日本プロサッカーリーグ、日本マイクロソフト株式会社、ハウス食品株式会社、フマキラー株式会社、株式会社ヘッドウォータース、株式会社ヤクルト本社、ユニリーバ・ジャパン株式会社

シリーズ・ケースで読み解く経営学 2

実践的グローバル・マーケティング

2017年 2月28日　初版第1刷発行　〈検印省略〉

定価はカバーに
表示しています

著　者　大　石　芳　裕

発行者　杉　田　啓　三

印刷者　和　田　和　二

発行所　株式会社　ミネルヴァ書房

607-8494　京都市山科区日ノ岡堤谷町1

電話代表（075）581-5191

振替口座　01020-0-8076

平河工業社

ISBN978-4-623-07833-2

Printed in Japan